Ria Kormann
Maria Nitschmann
Ursula Volpert

Tafelfreuden & Lebensart

Außergewöhnliche Ideen für Gäste und Feste

Lifestyle
BUSSE SEEWALD

1

Ria Kormann
Maria Nitschmann
Ursula Volpert

Tafelfreuden & Lebensart

Außergewöhnliche Ideen für Gäste und Feste

Lifestyle
BUSSE
SEEWALD

Impressum

Gestaltung: Ria Kormann
Fotografie: Maria Nitschmann
Kochen: Ursula Vopert
Layout und Produktion:
Martin Nitschmann
Redaktion und Projektmanagement:
Monika Römer

1. Auflage 2012
ISBN 978-3-7724-7314-2

Druck und Bindung Finidr, s.r.o.
Tschechische Republik

Blüten-Weiss

Fisch-Wasser

Rosen-Vielfalt

Zitronen-Pause

Sommer-Mein

Apfel-Hühner

Danke-Ernte

Gans-Winter

Bunter-Trubel

Vorwort

Fisch im Regen? Geht doch!

„Am Anfang gab es keine konkrete Idee, nur den Wunsch, etwas Gemeinsames machen zu wollen." „Seit acht Jahren kennen wir uns und irgendwann hatten wir halt große Lust, ein gemeinsames Projekt auf die Beine zu stellen. Daraus entstand dieses wunderbare Werk", beschreibt Ria Kormann die kreative Energie, die eine Ökotrophologin, eine Gestalterin und eine Fotografin im April 2010 zusammenbringt.

Ein fundiertes Konzept, gewürzt mit Schaffensfreiheit, Spontanität und eine fast abenteuerliche Vorfreude bringen die Zusammenarbeit auf den Punkt:

Es gab keinen Regieplan und keine gemeinsamen To-Do-Listen. „Jede hatte einen Fundus an Ideen, Materialien und Zutaten. Und es klappte bestens", so Kormann, eine der drei Autorinnen. Dabei muss das Projekt bereits am ersten Tag eine harte Probe bestehen: Das Buchthema „Fisch" steht auf dem Speiseplan und droht dem Münsterländer Schmuddelwetter zum Opfer zu fallen. Autos randvoll mit liebevoll ausgewählten Sammlerstücken und frischen Zutaten. Ab auf's Land, traditioneller Gräftenhof mit Fischteich. Tisch zwischen zwei Schauern gedeckt, Fisch raus, Fisch rein... Stimmung auf dem Nullpunkt. „Fisch, wie soll das gehen bei Regen?"

Nur die Fotografin watet in knallroten Gummistiefeln mit rosa Punkten locker und unbekümmert durch Schlamm und Pfützen. Die Kamera fest im Griff, ein wackeliger Stuhl oder ein erhöhter Stein dienen als Stativ, der konzentrierte Blick durch den Sucher.

„Ich finde, Fisch passt zu schlechtem Wetter. Draußen sein, das Licht einfangen, mit Schärfen und Unschärfen experimentieren, eine passende Perspektive suchen, das Wichtige herausarbeiten. Es sind tolle Fotos geworden, vielleicht gerade wegen des Regens" – Maria Nitschmann liebt es, auf unkomplizierte Art zu fotografieren. Und das Eis ist gebrochen, Vertrauen gesetzt, die Fotos sind gut, das Team erst überrascht, dann hoch zufrieden. Jetzt kann nichts mehr schiefgehen. Jede der Gestalterinnen arbeitet im Projekt frei, schätzt, vertraut und respektiert die Kompetenz der Anderen.

„Bei den Treffen sprudeln die Ideen nur so hervor. Wir haben eine ähnliche Sichtweise und ein Gespür dafür, was zusammenpasst: grobe Getreidesäcke gepaart mit edler Spitze und blumigen Seidenkissen, rostiges Schmiedeeisen an Porzellan mit Goldrand, federleichte Daunen auf antikem Gemäuer. Da kennen wir keine Grenzen, sind begeistert, lassen uns überraschen und ergänzen uns" – Ria Kormann ist eine Meisterin im Werken. Suchen, sammeln, stöbern, sägen, schleifen, pinseln, polieren, dekorieren, drapieren – die Gestalterin stellt mit viel Herzblut die Requisiten zusammen, sorgt für die passenden Tischarrangements und wählte die Kulissen aus: Felder, Wiesen, Gärten, alte Höfe, westfälische Kotten, Gräften und Mühlenteiche. Unzählige Kränze mit Früchten, Samen und Blüten, Gebinde aus Kordeln, Bändern und Tüchern, Gestecke aus Holz, Filz und Draht schmücken Pokale, Amphoren, Vasen und vor allem den mit köstlichen Speisen gedeckten Tisch.

Ein Werk wie dieses Buch, geschaffen mit viel Liebe fürs Detail und Freude an der gemeinsamen Arbeit, darf der Leser eigentlich nicht ohne ein gutes Glas Rotwein in gemütlicher Atmosphäre anschauen. Das Buch ist nicht nur etwas für die Küche. Es kann auf dem Notenständer, im Gartenhäuschen oder Bad einen würdigen Platz finden. Die drei Frauen wollen den Blick auf das Schöne im Alltag lenken, aber auch Spannung aufbauen, anregen, die Perspektive zu wechseln und neue Wege öffnen.

„Normalerweise suchen wir uns einfach ein Rezept aus und kochen das Gericht.

Wir möchten ermutigen, mal von rechts nach links zu schauen, vielleicht erst die Fotos wirken lassen, sich auf die abgebildeten Ideen insgesamt einzulassen. Viele Menschen gehen gradlinig durchs Leben, funktionieren, aber haben insgeheim den Wunsch auszubrechen, mal was anderes zu versuchen. Dieses Buch soll Mut machen, auch besondere Entschlüsse reifen zu lassen – und wenn es der lang gehegte Traum ist, auf einer Alm auszusteigen, dann ist es gut" –

Ursula Volpert kocht, überraschend anders. Da werden schon mal ungewöhnliche Zutaten wie schwarze Spaghetti mit orangefarbener Hummersauce zu rosablühenden Rosen kombiniert. Oder Möhren-Orangen-Marmelade mit Lavendelblüten verfeinert. Oder Hirschkeule mit Chili-Schokoladen-Sauce gewürzt.
Die drei Gestalterinnen geben dem Kochen eine andere Bedeutung.
„Es geht nicht nur darum, etwas zu essen, sondern auch die Seele satt zu machen: gute Gespräche, die Lust, Gäste einzuladen, Lebensfreude zu zelebrieren und Frieden in stimmungsvoller Umgebung zu genießen", beschreibt Maria Nitschmann den Sinn des Buches, der sich erst während der gemeinsamen Arbeit so richtig herauskristallisiert hat. Und nach einem Tag akribischer Gestaltung trifft man sich abends mit den Gastgebern, die Tür und Tor geöffnet haben, und mit den Utensilien schleppenden Ehemännern an den einladend gedeckten Tischen – Genuß pur!

Autorinnen

Ria Kormann, 64, aus Ramsdorf, freiberuflich in der Erwachsenenbildung tätig, Ausstellungen im Bereich Kunst und Kultur zu verschiedenen Themen im jeweils passendem Ambiente.

Maria Nitschmann, 53, aus Dülmen, selbständige Fotografenmeisterin mit Studio in Münster (www.lichtbildatelier-m.de), fotografiert „on location" mit Blick für das Ganze und das Detail.

Ursula Volpert, 60, aus Dülmen, hauptberuflich pädagogische Mitarbeiterin in der Erwachsenenbildung. Außergewöhnliche Kochevents an ungewöhnlichen Orten.

FRÜHLING

Weiß-Huhn

geformtes
Drahtgestell
ausgestopft mit
Zeitungspapier
Gips
weiße Farbe
Kordel
Draht
weiße Gänsefeder

an…

…Hasenbrot Osterlämmchen Mandelzopf

Hasenbrot

1 kg Mehl
1 EL Salz
½ l Milch
⅛ l Wasser
40 g Hefe
1 TL Zucker
2 Zwiebeln
2 Knoblauchzehen
100 g Bacon
100 g Salami
6 EL Öl
1 Ei
1 Zweig Rosmarin
1 Ei zum Bestreichen

2 Schaschlikspieße
Spätzle oder festes Heu als Barthaare

Mehl in eine Schüssel geben, mit Salz mischen.
Mittig eine Mulde eindrücken.
Milch und Wasser lauwarm erhitzen,
Hefe und Zucker einrühren,
10 Min. quellen lassen.
Zwiebeln und Knoblauch schälen, in kleine
Würfel schneiden.
Bacon in feine Streifen schneiden.
Salami in Würfel schneiden.
Öl erhitzen, Zwiebeln, Knoblauch
und Speck darin anbraten.
Rosmarinnadeln kleinschneiden,
zum Speck-Zwiebel-Gemisch geben.
Salami zugeben.
Masse auskühlen lassen.

Hefeflüssigkeit in die Mehlmulde geben,
mit etwas Mehl verrühren.
Hefeteig 15 Min. gehen lassen.
Dann restliches Mehl in den Vorteig einrühren,
Ei und Zwiebelmischung zugeben und alles gut
verkneten, mindestens 10 Min. weiter kneten.

Teig 30 Min. ruhen lassen.

Teig nochmals durchkneten, Teigmenge halbieren.
Von der 1. Teighälfte einen Streifen abschneiden,
daraus 4 Pfötchen und einen Schwanz formen.
Aus dem restlichen Teig den Hasenkörper formen.
Backblech mit Backpapier auslegen.
Hasenkörper auf das Backblech legen,
vier Pfötchen seitlich unterlegen,
Schwanz ans Hinterteil andrücken.
Vom restlichen Teig ⅓ abnehmen,
daraus 2 Ohren und ein Näschen formen.
Den restlichen Teig als Hasenkopf
auf das Backblech legen,
Ohren unter den Kopf legen,
Nase in die Mitte des Kopfes setzen.
Augen mit dem Finger leicht eindrücken.
Körperteile mit dem verquirlten Ei bepinseln.
Im Backofen bei 200 Grad ca 30 Min. backen.

Hasenteile auskühlen lassen.

2 Schaschlikspieße von hinten in den Kopf spießen,
dann das Kopfteil auf den Körper spießen.
Kleine Ästchen oder Spätzle
als Barthaare in die Nase spießen.

Osterlämmchen

125 g Butter
50 g Zucker
1 Päckchen Vanillezucker
1 Prise Salz
2 Eier
175 g Mehl
etwas Puderzucker
ca. 100 ml Kuvertüre

Die Lammform einfetten
und mit Paniermehl bestreuen.
Butter mit dem Rührstab cremig rühren.
Nach und nach Zucker, Vanillezucker
und eine Prise Salz unterrühren.
Die Eier nach und nach einrühren.
Dann das Mehl untermischen.
Den Teig in die Lämmchen-Form geben
und ca. 65 Minuten bei
170 Grad Ober-/Unterhitze
(150 Grad Heißluft) backen.
Anschließend den Lämmchen-Kuchen
10 bis 20 Minuten auskühlen lassen.
Das Lämmchen vorsichtig aus der Form lösen.
Lämmchen mit Puderzucker bestäuben.

Mandelzopf

Für ca. 20 Scheiben
200 ml Milch
20 g frische Hefe
75 g Zucker
1 Ei
½ TL Salz
500 g Mehl
75 g Butter
80 g Rosinen
80 g Mandelstifte, geröstet
Zuckerguss zum Bestreichen
kleine Marzipanmöhren oder -häschen
(gibt es beim Bäcker/Konditor zu kaufen)

Milch lauwarm erwärmen.
Hefe in einer Schüssel zerbröseln und mit wenig lauwarmer Milch und dem Zucker glattrühren.
Ei verquirlen mit der restlichen Milch, Salz und Mehl hinzufügen und mit dem Knethaken der Küchenmaschine bei niedriger Geschwindigkeit 3 Min. kneten.
Butter würfeln, nach und nach zum Teig geben.
Weiter bei hoher Geschwindigkeit zu einem glatten Teig verkneten.
Rosinen und Mandelstifte unterkneten.
Schüssel mit einem Tuch abdecken und an einem warmen Ort eine Stunde ruhen lassen.
Den Teig auf einer leicht bemehlten Arbeitsfläche durchkneten.
Den Teig dritteln.
3 Stränge von je 40 cm Länge ausrollen und locker flechten.
Den Zopf auf ein mit Backpapier belegtes Backblech legen und nochmals ca. 30 Min. ruhen lassen.
Hefezopf im vorgeheizten Backofen bei 200 Grad auf der 2. Schiene von unten ca. 25 Minuten backen.
Mit Zuckerguss bestreichen und mit Marzipanmöhrchen oder -häschen garnieren.

Zopf kann auch als Kranz oder Brot geformt werden.

Schätze…

…sammeln, sammeln, sammeln!

HÜHNERHOF

Kissenhuhn

genäht aus
altem Leinen
bemalt
karierter Stoff
Taschen
gefüllt mit
Heu & Eiern

Eierstäbe
10 mm Eisen
1,8 m lang
bestückt
mit
Gänse-,
Hühner-,
Wachteleiern
Perlen
Draht
Federn

an…

…Soleiern

15 Eier
2 gehäufte EL Salz
½ TL Zucker
1 TL Pfefferkörner
1 Lorbeerblatt
Schale von einer braunen Zwiebel
1 Zweig Liebstöckel

Eier 10 Minuten hart kochen.
Eier abgießen und kalt abspülen.
Dann jedes Ei einzeln auf der Arbeitsfläche anschlagen, so dass die Schale rundherum Risse bekommt.
Eier in ein großes Glas schichten.
Salz, Zucker, Pfefferkörner, Lorbeer, Zwiebelschale, Liebstöckel und 1 ½ Liter Wasser aufkochen.
So lange rühren, bis sich das Salz auflöst.
Sud etwas abkühlen lassen, über die Eier gießen.
Soleier mindestens 3 Tage ziehen lassen.
Eier pellen, halbieren.
Eigelb herausnehmen, eine Sauce aus Öl, Essig, Pfeffer, Senf in die Eiweißkuhle geben, Eigelb hineinsetzen – und guten Appetit!

Grün-Donnerstag-Sauce

4 hart gekochte Eier
3 EL Kräuteressig
⅛ l Öl
1 Kästchen Kresse
6–8 Zweig Kerbel
½ Bund Petersilie
2 Zweige Dill
2 Sauerampferblätter
1–2 Zweige Estragon
4 Bärlauchblätter
1 Bund Schnittlauch
200 g Sahnejoghurt
1 Msp. milden Senf
Salz, Pfeffer, Zucker, Zitronensaft

an…

Für ca. 300 ml

Eier herauslösen, durch ein Sieb streichen und mit Essig glatt rühren. Das Öl nach und nach darunter schlagen und so lange weiterarbeiten, bis die Sauce cremig ist. Alle Kräuter gibt es als Kräuterbund „für grüne Sauce“ zu kaufen. Kräuter putzen, dicke Stiele entfernen, Kräuter ganz fein hacken, Schnittlauch in feine Röllchen schneiden, mit Joghurt unter die Sauce rühren. Mit Senf, Salz, Pfeffer, Zucker und Zitronensaft abschmecken. Die Eiweiße fein würfeln und zum Schluss unter die Sauce mischen. Sauce schmeckt zu hart gekochten Eiern, Pellkartoffeln, gekochtem Rindfleisch, Fisch und Spargel.

…an

In Ton gedrückte Hasenformen
Mit Gips abgegossen

Herzhafte Osterquiche

an…

Kranz aus Stroh
beklebt mit gesammelten Eiern

Herzhafte Osterquiche

500 g Blattspinat
2 Zwiebeln
2 Knoblauchzehen
20 g Butter
Salz, Pfeffer, Muskat
2 Möhren
250 g Blätterteig
4 Eier
200 ml Sahne
1 Bund glatte Petersilie
200 g Schafskäse
40 g geröstete Pinienkerne

Spinat waschen, putzen und tropfnass in einem Topf bei großer Hitze zusammenfallen lassen. In ein Sieb geben, abschrecken und sehr gut abtropfen lassen.
Zwiebeln und Knoblauch schälen, in kleine Würfel schneiden, in Butter glasig dünsten und den Spinat darin schwenken.
Mit Salz, Pfeffer und Muskat gut würzen. Möhren schälen, längs halbieren oder je nach Dicke vierteln und in kochendem Salzwasser 1 Min. blanchieren. Herausnehmen, abschrecken und abtropfen lassen.
Eine Tarteform mit dem Teig auslegen, dabei einen kleinen Rand mitformen.
Eier und Sahne verrühren, mit Salz und Pfeffer würzen. Spinat, gehackte Petersilienblätter, zerbröselter Schafskäse und Pinienkerne vermengen. Abschmecken.
Auf den Blätterteig streichen, mit Möhren sternförmig belegen. Im vorgeheizten Backofen bei 200 Grad ca. 30 Min. backen.

Erbsen-Dip

Für ca. 300 ml

200 g Tiefkühl-Erbsen
200 g Kräuterfrischkäse
200 g Naturjoghurt
Salz und Pfeffer
Für den Dip Erbsen garen, abkühlen lassen und pürieren. Frischkäse, Joghurt und Gewürze hinzugeben, erneut mixen und abschmecken.

Frühlingssauce

Für ca. 300 ml

100 g Möhrensaft
½ TL fein abgeriebene Schale einer unbehandelten Orange
2 EL milden Weinessig
Salz und Pfeffer
1 Msp Akazienhonig
4 EL Rapsöl
2 EL groben Senf
2 kleine Möhren

Möhrensaft, Orangenschale und Saft in einen Topf geben, bei starker Hitze auf 3 EL einkochen lassen, auskühlen lassen.
Essig, Salz, Pfeffer Honig, Öl und Senf unterrühren, mit einem Pürierstab aufmixen. Möhren schälen, in ganz kleine Würfel schneiden, in Salzwasser ca. 4 Min. kochen. Möhren abgießen, auskühlen lassen und in die Sauce geben.

Kräuter-Dip

Für ca. 300 ml

200 g Doppelrahmfrischkäse
100 g Creme fraîche
2-3 EL gehackte Kräuter
(Petersilie, Schnittlauch, Kerbel, Dill, Basilikum)
weißer Pfeffer

Alle Zutaten verrühren und abschmecken.

Taschen

Alte Biologiekarten aus der Schule zu Taschen vernäht

Blüten

Weiß

Betonpalisade
Eisenstab
Fundstücke
Wickeldraht

an

Schiffer-Schiffchen
Rhababer-Chutney
Bachforellen-Terrine

Schiffer-Schiffchen

auf

Stützdraht
Wickeldraht
Blei

Schiffer – Schiffchen

für 6–8 Personen

Aus 200 g Mehl, 125 g Butter, 1 Ei, 1 Prise Salz, 2 EL Wasser und Blättchen von 2 Thymianzweige einen Mürbeteig kneten.

Den Teig in kleine gut gefettete Schiffchenformen drücken, 1 Std. kühlen.

250 g geräucherten Forellenfilet zerzupfen, 150 g Schmand mit 1 TL Meerrettich verrühren. Zuerst Meerrettich-Schmand, dann die Forellenstückchen in die Schiffchen füllen.
2 Eier, 1/4 l Sahne, 1 Prise Salz, je 2 EL gehackte Petersilie und Dill verrühren, über die Forelle geben.
Bei 180 Grad ca. 30 Min. backen.

Schmeckt nicht nur am Wasser, auch am Kamin, als Vorspeise mit Salat, als Finger-Food ....!

Bachforellen - Terrine

für 6–8 Personen

6 Blatt rote Gelatine
4 cl Wermut
250 ml Tomatensaft
Salz, Pfeffer, Zucker
6 Blatt weise Gelatine
4 geräucherte Bachforellenfilets
200 g Creme fraîche
Saft einer ½ Zitrone
600 g Frischkäse
2 EL frisch geriebener Meerrettich
½ Bund Dill
½ Bund Schnittlauch
Salz, Pfeffer, 1 Prise Zucker

Rote Gelatine einweichen, Wermut erhitzen, die Gelatine darin auflösen, mit Tomatensaft verrühren, mit Salz, Pfeffer und Zucker abschmecken.
Eine Terrinenform mit Frischhaltefolie auskleiden, die Tomatenmasse einfüllen und kühl stellen. Weiße Gelatine in Wasser einweichen.
Bachforellenfilets mit Creme fraîche und Zitronensaft im Mixer pürieren, mit Frischkäse, Meerrettich, kleingeschnittenem Dill und Schnittlauch, Salz, Pfeffer, Zucker und der aufgelösten Gelatine verrühren.
Wenn die Tomatenmasse fest geworden ist, die Forellencreme darauf verteilen, glattstreichen.
Mit Folie abdecken und mindestens 4 Std. kühl stellen.
Die Terrine aus der Form stürzen, in Scheiben schneiden und anrichten.
Eignet sich als Vorspeise auf Blattsalat, Kräuterbett aus Dill, glatter Petersilie, Basilikum, Spinatblättern… oder für ein Buffet.

Rhabarber putzen, waschen, kleinschneiden. Ingwer schälen, fein würfeln. Schalotten schälen, vierteln, Chilischote halbieren, waschen und in feine Streifen schneiden, Aprikosen in Streifen schneiden. Zucker in einen großen Topf geben und bei nicht zu hoher Temperatur leicht karamelisieren, dann alle anderen Zutaten zugeben und ca. 15 Min. leicht kochen lassen, bis Zwiebeln und Rhabarber mußig gekocht sind. Mit Pfeffer abschmecken, Pfefferbeeren nach Geschmack zugeben. Chutney heiß in Schraubgläser füllen. Hält sich mehrere Wochen.

Schmeckt zu Fleisch, Fisch, Geflügel und Käse.

Rhababer-Chutney

für 6–8 Personen

500 g Rhabarber
3 cm großes Stück Ingwer
300 g Schalotten
1 Chilischote
150 g getrocknete Aprikosen
100 g brauner Zucker
⅛ l Balsamico-Essig
100 ml Portwein
Pfeffer und
grüne Pfefferbeeren

Bachforelle Fladenbrot *an* Bemaltes altes Brett

Fladen mit Rosmarin und Mandeln

½ Würfel Hefe
50 g lauwarmes Wasser
300 g Mehl
1 TL Zucker
1 Prise Salz
100 g Olivenöl
100 g gehäutete, ganze Mandeln
2 Zweige Rosmarin

Hefe in Wasser auflösen. Mehl, Zucker und Salz mischen, dann das Hefewasser und 30 ml Olivenöl unter Kneten einarbeiten. Den Teig gut durchwalken und danach abgedeckt bei Zimmertemperatur gehen lassen, bis sich das Volumen verdoppelt hat. Den Backofen auf 210 Grad vorheizen. Den Teig auf einer bemehlten Arbeitsfläche nochmals durchkneten, einen Fladen formen, Fladen auf ein Backblech legen. Die Mandeln darauf verteilen. Die Oberfläche mit dem restlichen Öl beträufeln. Die Rosmarinnadeln vom 1. Zweig auf den Teig verteilen, den 2. Zweig dekorativ darauf anrichten. Den Kuchen im Backofen 10–15 Min. backen.

Eine leckere Art,
Bachforelle
zuzubereiten

Kräuter und Gewürze von Wiese, Feld und Garten

Bärlauch, Giersch, Zitronenmelisse,
außerdem
Pfeffer, Wacholderbeeren, Rosmarin und Thymian

Frühlingskartoffelsalat

für 6–8 Personen

1,5 kg Kartoffeln
Salz
3 Knoblauchzehen
400 ml Gemüsebrühe
1 Zweig Rosmarin
5 EL Kräuteressig
5 EL Walnussöl
1 Bund Frühlingszwiebeln
300 g Kirschtomaten
50 g Pinienkerne
1 Bund Rucola
100 g Räucherspeckscheiben
2 Tomaten

Kartoffeln waschen, mit Schale in Salzwasser ca. 20 Min. gar kochen. Kartoffeln abgießen, etwas abkühlen lassen, pellen und in Scheiben schneiden.
Knoblauch schälen, in feine Würfel schneiden.
Knoblauchwürfel, Brühe, fein gehackte Rosmarinnadeln, Essig und Öl in einen Topf geben, aufkochen lassen und ca. 7 Min. ziehen lassen.
Die Marinade zu den Kartoffeln geben, gut mischen. Zugedeckt 2 Std. ziehen lassen. Frühlingszwiebeln putzen, in feine Ringe schneiden und nach 1 Std. zu den Kartoffeln geben. Tomaten achteln.
Pinienkerne in eine Pfanne geben, ohne Fett rösten, auskühlen lassen. Rucola waschen, trockenschleudern, die dicken Stiele entfernen. Speckscheiben in eine Pfanne legen, bei nicht zu hoher Temperatur kross ausbraten, auf Küchenkrepp gut abtropfen lassen.
Kartoffelsalat pikant abschmecken. Rucola und Pinienkerne unter den Salat mischen, auf einer Platte anrichten, mit Tomaten und Speckscheiben garnieren.

Minz-Eistörtchen

8 Baiserschalen (gibt es beim Bäcker)

Füllung:
500 g Sahne
½ Packung gut gekühlte Pfefferminzblättchen
2–4 cl Pfefferminzsirup
2 cl Pfefferminzlikör
2 EL gehackte Pistazien
2 Stängel Minze
Balsamicocreme zum Servieren

Von den Baiserschalen zwei zerbröseln und zur Seite stellen. Sahne schlagen. Gut gekühlte Pfefferminzblättchen klein hacken, mit Pfefferminzsirup, -likör, Pistazien und kleingekackten Minzblättchen verrühren. Baiserkrümel unterheben. Die Masse in die Baiserschalen füllen, diese vorsichtig und standsicher ins Gefriergerät stellen und mindestens 4 Std. gefrieren lassen. Mit Erdbeeren, Erdbeerpüree und Balsamicocreme servieren.

Besteckrolle
Leinen
Karostoff
Zwirn & Rips

Fisch

Wasser

Rosenblütentorte
Hortensien
Roter Pfeffer
Blätter & Ähren
Steckmasse

an

Pistazien-Pfeffer-Torte
Rosenkuchen mit Ingwer
Rosentörtchen

Pistazien-Pfeffer-Torte mit Limoncellocreme und Erdbeersauce

Boden:
100 g Löffelbiskuit
100 g gehackte Pistazien (Mandeln)
100 g weiße Schokolade
150 g weiche Butter

Löffelbiskuit grob zerschneiden. Pistazien und Kuvertüre fein hacken. Löffelbiskuit, Pistazien, Schokolade und Butter schnell zu einer geschmeidigen Masse verkneten. Einen Tortenring oder Springformrand (28 cm) auf eine leicht mit Öl bestrichene Tortenplatte setzen. Die Bröselmasse einfüllen und als Boden andrücken. Mindestens eine Stunde kalt stellen.

Füllung:
6 Blatt weiße Gelatine
70 ml Limoncello
3 EL Limettensaft und
abgeriebene Schale von 2 Limetten
500 g Mascarpone (ital. Frischkäse)
250 g Magerquark
200 g Schmand
100 g Zucker, 1 Päckchen Bourbon-Vanillezucker
etwa 2 Stängel Zitronenmelisse
2 TL rote Pfefferbeeren
600 g geschlagene Sahne

Gelatine in kaltem Wasser einweichen. Limoncello, Limettensaft und abgeriebene Limettenschale verrühren und kurz erhitzen. Gelatine gut ausdrücken, in dem erwärmten Saft auflösen.
Etwas abkühlen lassen. Mascarpone, Quark, Schmand, Zucker und Vanillezucker verrühren. Blätter von der Zitronenmelisse (Blätter müssen ganz trocken sein) in feine Streifen schneiden, Pfefferkörner leicht zerbröseln. Limettensaft, Zitronenmelisse und Pfefferkörner sofort unter die Füllung rühren. 400 ml Sahne steifschlagen und unterheben. Füllung auf dem Boden streichen und mindestens eine Stunde kalt stellen. Tortenrand von der Torte lösen.

Restliche Sahne steifschlagen und in einen Spritzbeutel mit großer Sterntülle füllen. Sahnetuffs auf die Torte spritzen.

Die Torte mit Veilchen, Gänseblümchen, Pistazien, Pfefferbeeren oder Limettenscheiben verzieren.

Erdbeersauce:

für 12 Tortenstückchen
450 g Erdbeeren (frisch oder TK)
2 EL Puderzucker
2 EL Zitronensaft

200 g Erdbeeren mit dem Puderzucker und dem Zitronensaft pürieren. Durch ein feines Küchensieb streichen und beiseite stellen.

Rosenkuchen mit Ingwer

250 g Butter
250 g Zucker
Mark einer Vanillestange
6 Eier
Saft und Schale einer Zitrone
50 g kandierter Ingwer fein gewürfelt
1 Stängel Minze
2 Stiele Zitronenmelisse
100 g geriebene und geröstete Mandeln
400 g Mehl
1 Päckchen Backpulver
100 ml Milch
Butter und Semmelbrösel für die Form
Puderzucker zum Bestäuben

Butter schaumig rühren, Zucker und Vanillemark zugeben und rühren, bis der Zucker sich gelöst hat. Dann nach und nach die Eier unterrühren. Zitronenschale abreiben. Zitronenabrieb, Zitronensaft und Ingwer zum Teig geben. Minze und Melisseblätter von den Stängeln zupfen, kleinschneiden, ebenfalls zum Teig geben. Mandeln, Mehl und Backpulver mischen, locker unter den Teig heben, soviel Milch zugeben, dass eine glatter Teig entsteht. Den Teig in eine gefettete, mit Semmelbröseln ausgestreute Rosen- oder Napfkuchenform füllen. Kuchen in den auf 200 Grad vorgeheizten Backofen schieben, 50–60 Min. backen.

Kuchen ca. 10 Min. in der Form auskühlen lassen, dann auf ein Kuchengitter stürzen. Auskühlen lassen, mit Puderzucker bestäuben.

Teller als Deko auf Ständer

Rosentörtchen

für 4–6 Personen

Am Vortag 200 g weiße Schokolade in 400 ml Sahne erhitzen und schmelzen. Über Nacht im Kühlschrank auskühlen lassen.

Aus 250 g Mehl, 125 g Puderzucker, 1 Ei, 2 EL Creme fraîche und 75 g Butter einen Mürbeteig zubereiten, den Teig eine Stunde kühlen. Den Mürbeteig ganz dünn ausrollen, 18 Kreise von ca 10 cm Durchmesser ausstechen, auf ein mit Backpapier ausgelegtes Backblech legen. Bei 200 Grad, mittlerer Schiene, ca 10 Min. backen. Plätzchen gut auskühlen lassen.

Schokoladensahne mit dem Handmixer steifschlagen, 2–3 Tropfen Rosenwasser zugeben. Schokoladensahne in einen Spritzbeutel füllen. Erstes Plätzchen mit Schokoladensahne bestreichen, Plätzchen aufsetzen, wieder Schokoladensahne aufstreichen und mit dem dritten Plätzchen abdecken. So alle Plätzchen zusammensetzen. Törtchen mit Puderzucker bestäuben, mit kandierten Rosenblättern garnieren.

Für die kandierten Rosenblätter schöne, große, unbehandelte Rosenblättter (möglichst mit kräftiger Farbe) von beiden Seiten mit leicht verschlagenem Eiweiß bestreichen (die Blätter müssen feucht, aber nicht nass sein). Rosenblätter in Zucker wenden, auf einen Gitterrost legen und 2–3 Tage trocknen lassen. Rosenblätter trocken aufbewahren.

Wachsherzen

getrocknete Rosenblätter
in handgeformtem Wachs
geformter Draht als Halterung

Jahreszeitlich dekoriertes Nischenregal

an

Fischröllchen
Rosenpesto
Pastasotto

Gefüllte Fischröllchen an pikanter Rosen-Apfel-Sauce

Für 4 Personen: 8 Seezungen (oder ähnliche Fische, je 60 g), Salz, Pfeffer. ❦ *Füllung: 2 EL Butter, 1 kleine Zwiebel, fein gewürfelt, 1 mittelgroße Fenchelknolle, fein gewürfelt, 2 süße Äpfel mit Schale, fein gewürfelt, 2 EL feingeschnittener Kerbel oder Petersilie, Salz, Pfeffer, 2 unbehandelte Duftrosen* ❦ *Sauce: 1 EL gehackte Zwiebel, 1 EL Butter, 250 ml Weißwein, 2 EL Mehlbutter, 100 ml Sahne, Salz, Pfeffer, 2 TL Rosenwasser/Duftrosen* ❦ *Fischfilet trockentupfen, mit Salz und Pfeffer würzen.* ❦ *Für die Füllung Butter schmelzen, Zwiebel-, Fenchel- und Apfelwürfel darin gut glasig dünsten, Kerbel oder Petersilie dazugeben, mit Salz und Pfeffer würzen* ❦ *Zum Schluss die feingeschnittenen Duftrosenblätter dazugeben. Masse auf die Fischstücke verteilen, aufrollen und nebeneinander in eine gebutterte Auflaufform setzen.* ❦ *Für die Sauce Zwiebelwürfel in Butter andünsten, mit Weißwein ablöschen, Mehlbutter einrühren, aufkochen lassen, Sahne dazugeben und die Sauce mit Salz, Pfeffer und Rosenwasser abschmecken. Über den Fisch geben und bei 200 Grad im vorgeheizten Backofen (je nach Fischdicke) ca. 20 Min. garen.* ❦ *Mit Nudeln oder Basmatireis servieren.*

Rosen-Pesto

Für 4 Personen: gut 1–2 Hände Rosenblüten, 150 ml Balsamico oder Rotweinessig, Saft und Schale einer unbehandelten Zitrone, 350 ml Distel- oder Traubenkernöl, 20 ml Damascena-Rosenwasser, Salz, Pfeffer ❦ *Die Rosenblätter in sehr feine Streifen schneiden. Den Essig über die Rosenblätter geben und mindestens einen Tag an einem kühlen Ort ziehen lassen. Dann die restlichen Zutaten ohne das Rosenwasser zugeben und kurz durchmixen. Das Rosenwasser vor dem Servieren hinzufügen.* ❦ *Im Kühlschrank kann man das Pesto auch für einige Tage aufbewahren.*

Pastasotto

Für 4 Personen: 2 EL Olivenöl, 1 feingehackte Schalotte, 400 g Reisnudeln, ⅛ l Weißwein, ½ l kräftige Gemüsebrühe, 4 Handvoll junger Spinat, Schale und Saft einer unbehandelten Zitrone, Salz, Pfeffer, 200 g Frischkäse, 100 g geriebener Parmesan, 2 Stängel Zitronenmelisse, 200 g Garnelen, 2 EL Olivenöl, 1 Knoblauchzehe, 3 Duftrosenblätter ❦ *Olivenöl in einen Topf geben, Schalottenwürfel bei nicht zu hoher Temperatur darin glasig dünsten, Reisnudeln zugeben, andünsten, mit Weißwein ablöschen, etwas einkochen lassen, dann nach und nach die Gemüsebrühe angießen, dabei immer wieder r ü h r e n, r ü h r e n, r ü h r e n. Nach 15 Min. den Spinat zugeben, dann Zitronenschale und Zitronensaft, nach Geschmack salzen und pfeffern, dabei immer wieder r ü h r e n, r ü h r e n, r ü h r e n… und Gemüsebrühe nachgießen. Zum Schluss Frischkäse und Parmesan unterrühren.* ❦ *Pastasotto sollte eine cremige Konsistenz haben.* ❦ *Mit Minze bestreuen.* ❦ *Garnelen in Olivenöl mit einer kleingehackten Knoblauchzehe ganz kurz anbraten. Duftrosenblätter in feine Streifen schneiden. Garnelen darin wenden.* ❦ *Rosengarnelen auf Pastasotto anrichten.*

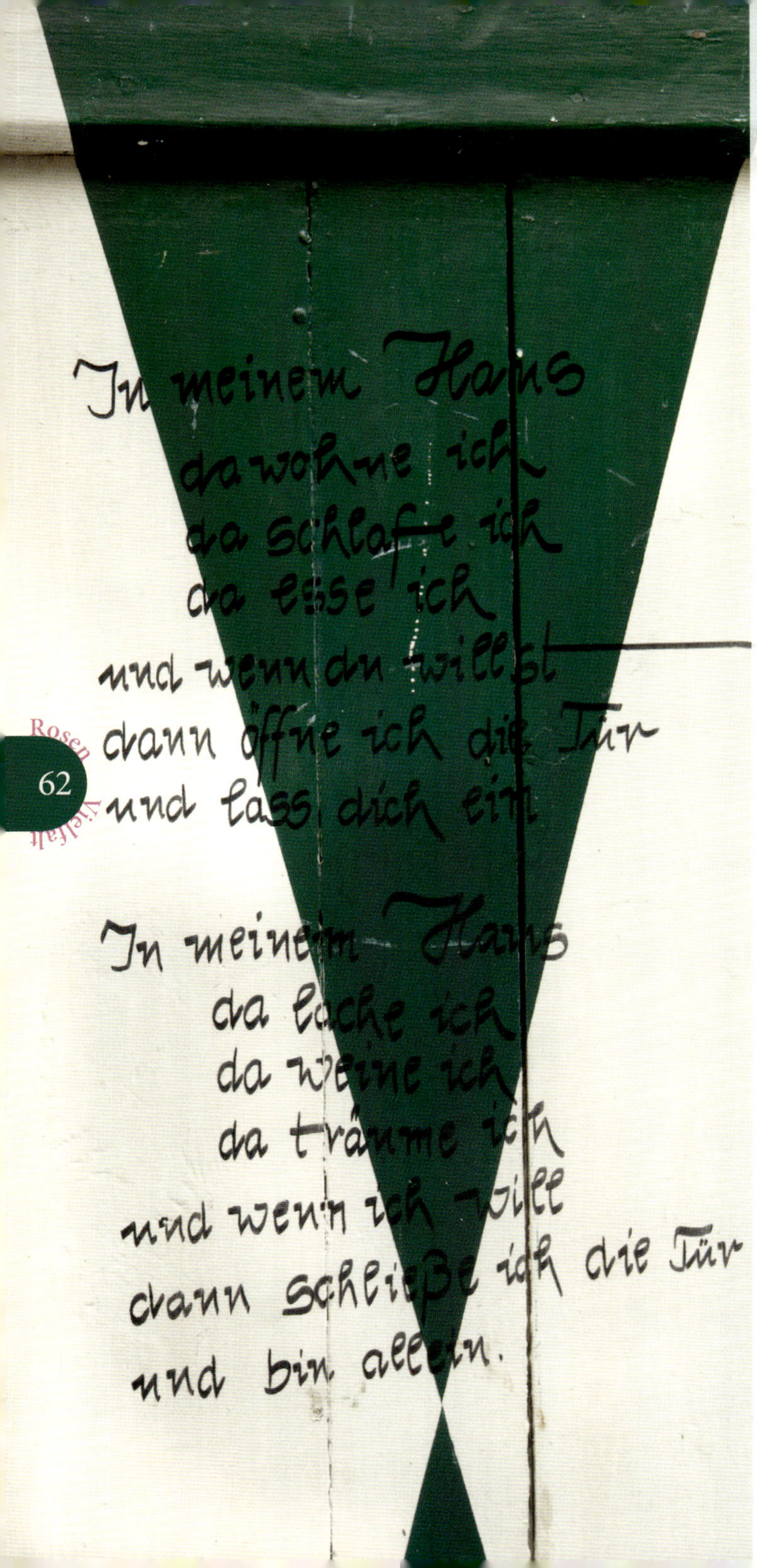

Sinnspruch auf Fensterklappe

an

Rosen Kugeln
Rosen Scones
Rosen Gelee

Rosenkugeln

300 g Doppelrahmfrischkäse
50 g ganz feingehackte, geröstete Pinienkerne
Pfeffer
1 EL feingehackte Petersilie
abgeriebene Schale von ¼ Zitrone

Alle Zutaten gut verrühren. Von der Masse walnussgroße Kugeln formen, auf einen Teller legen, 2 Std. kühlen.

3–4 Duftrosen, die Blätter abzupfen, den Kehlansatz abschneiden. Rosenblätter in feine Streifen schneiden. Käsekugeln darin wälzen.

Rosen-Scones

Zutaten für 8 Stück

250 g Mehl
3 TL Backpulver
50 g Butter
200 ml Crème fraîche
1 TL Zucker
½ TL Salz

*Alle Zutaten miteinander verkneten.
Den Teig 2–3 cm dick ausrollen,
mit runden Förmchen oder
einem Glas Kreise ausstechen.
Auf ein Backblech legen,
mit verschlagenem Eigelb bestreichen.
Bei 180 Grad im Backofen
ca. 15 Min. backen.
Mit Crème fraîche
und Rosen-Gelee servieren.*

Rosen-Gelee

für 125 ml (ohne Foto)

*15 stark duftende Rosenblüten
(ungespritzt und in den Morgenstunden
geschnitten)*
125 ml Rosé-Wein
Saft von 2 Zitronen
125 ml Apfelsaft
650 ml Wasser
1 kg Gelierzucker
2–3 Tropfen Damaszener-Rosenwasser

*Rosenblätter in feine Streifen schneiden,
in ein Glas füllen, mit Wein und Zitronensaft
übergießen und 12 Std. ziehen lassen.
Apfelsaft und Wasser aufkochen,
Gelierzucker einrühren und
4 Min. sprudelnd kochen lassen.
Dann die Rosenblätter und Flüssigkeit
zugeben und nochmals aufkochen lassen.
Gelee in saubere Schraubgläser füllen
und heiß verschließen.*

Mürbeteig, Ausstechform, Schokoguss

Butter mit ROSEN mit Zucker

Seife aus ROSEN mit Tasse

Rosen

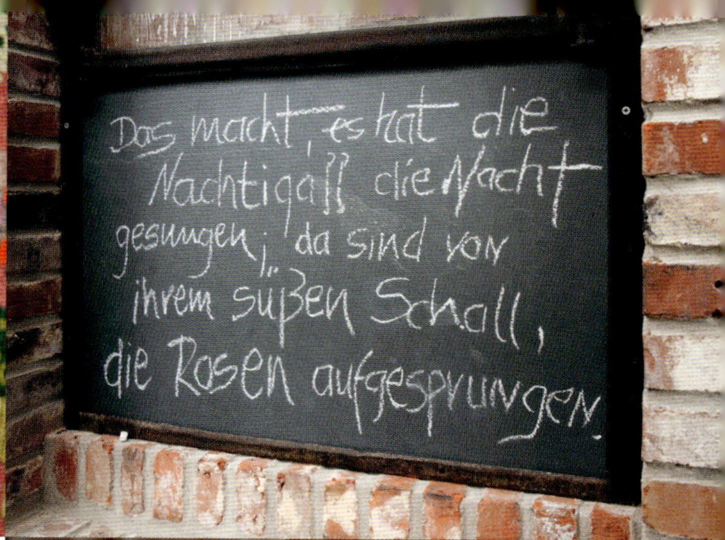

Vielfalt

Vielfalt

SOMMER

Zitronenkreis Porenbeton-Zitronen Sonnenblumenstiele Spinosa Lorbeerblätter

an

Möhren mit Johannisbeeren und Schafskäsecreme

Möhren mit Johannisbeeren und Schafskäsecreme

für 4–6 Personen

Junge Möhren putzen, mit etwas Butter und wenig Wasser bissfest garen.

150 g Creme-Schafskäse mit 200 g Sahnequark und 300 g Joghurt glattrühren,
abgeriebene Schale einer Zitrone,
1 EL fein gehackte Zitronenmelisse, Salz und Pfeffer zugeben
und die Sauce pikant abschmecken.

Möhren auf eine Platte geben,
mit Kräutern, gerösteten Pinienkernen und Johannisbeeren garnieren.
Schafskäsecreme dazu reichen.

Porenbeton-Zitronen

Zitronen aus kleinen Blöcken
mit alten Messern schneiden
oder groben Raspeln feilen,
anschließend bemalen

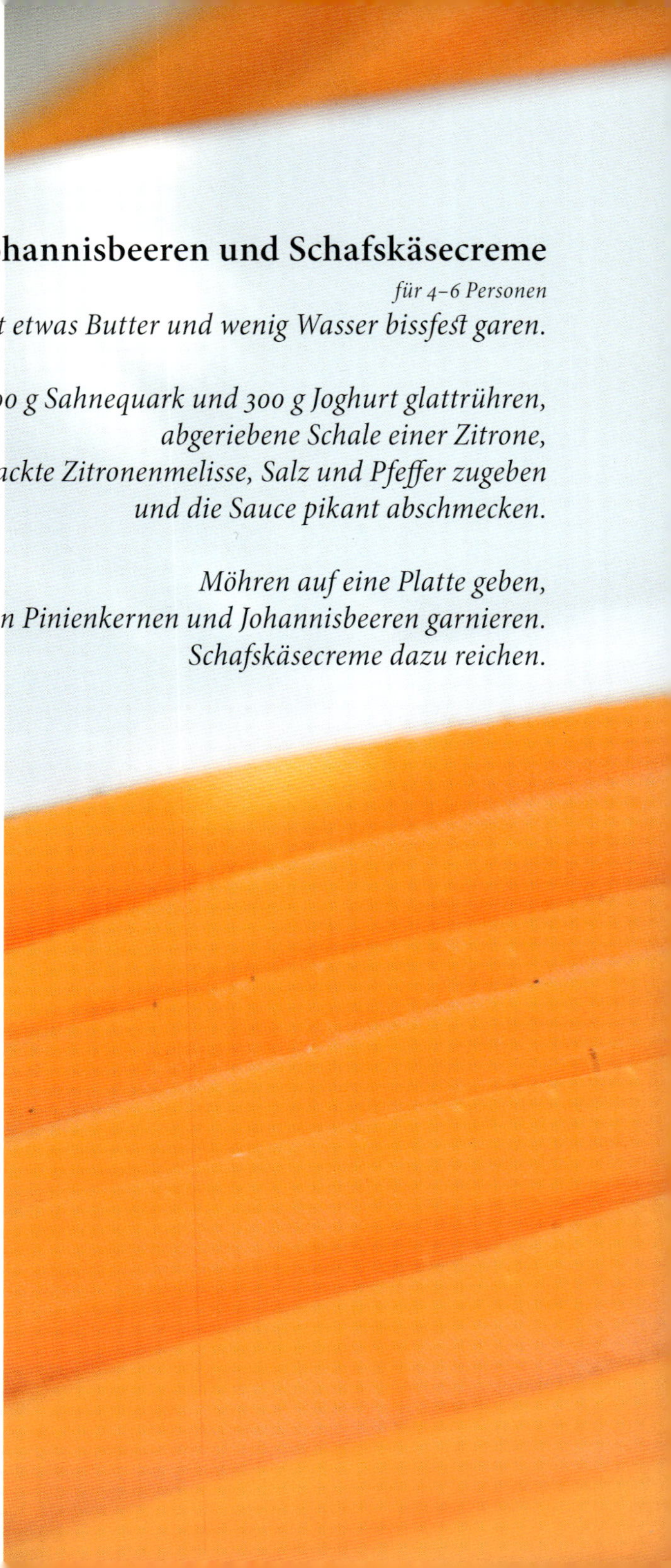

Mediterrane Kartoffelpfanne

Für 4 Personen

1 kg kleine französische Kartoffeln
2 Zwiebeln
3 Knoblauchzehen
2 Zweige Rosmarin
6 Salbeiblätter
3 frische Lorbeerblätter
250 g Cocktailtomaten
4 EL Olivenöl
1 Bund Blattpetersilie
grobes Salz, Pfeffer
100 g schwarze Oliven

Kartoffeln gut waschen und in Salzwasser 15 Min. kochen. Zwiebeln schälen, halbieren und in Spalten schneiden. Knoblauchzehen schälen, halbieren, Kräuter und Tomaten waschen. Petersilie hacken.
Öl in eine Pfanne geben und erhitzen. Kartoffeln darin anbraten, Zwiebeln, Knoblauch und Kräuter zugeben, braten, bis die Zwiebeln glasig sind, dann die Tomaten zugeben, mit Salz und Pfeffer würzen. Vor dem Servieren Petersilie und Oliven zugeben.

Schmeckt auch gut mit Zitronen-Dip (Rezept Seite 85) und Garnelen!

Köstlich eingelegt – Himbeeressig und Kräuteröl

Himbeeressig

Für 1 Flasche (ca. 250 ml Inhalt)

250 ml milden Balsamico-Essig
mit 200 g Himbeeren,
1 Zweig Zitronenmelisse,
2 cm fein abgeschnittene Zitronenschale (unbehandelt)
in eine Flasche geben,
ca. 10 Tage ziehen lassen.

Kräuteröl

Für 1 Flasche (ca. 250 ml Inhalt)

250 ml mildes Olivenöl
mit 1 Zweig Thymian,
2 Zweigen Rosmarin,
2 Knoblauchzehen
und 1 kleine rote Chilischote
in eine Flasche füllen,
ca. 10 Tage ziehen lassen.

OLEA
olio
extra
vergine
di oliva
OLEA
olio
extra
vergine
di oliva

Garten-Erbsen-Cremesuppe
mit Zitrone und Minze
Kalbsfilet auf Rosmarinspieß
mit Zitronensauce

an

Olivenöldosen als Kerzenständer
Thematisch bemalte Holzbretter
als Mittelstück
mit passender Tischplatte
Zitronenkreis

Gartenerbsen-Cremesuppe mit Zitrone und Minze

2 Schalotten, in feine Würfel geschnitten
abgeriebene Schale einer unbehandelten Zitrone
1 EL Butter
450 g Erbsen (frisch oder TK)
600 ml Gemüsefond
Salz, Pfeffer
1 Messerspitze Honig
100 ml Sahne
1 Bund gehackte Kräuter (Kerbel, Zitronenmelisse, Minze)
Minzblättchen zum Garnieren

Schalottenwürfel, Zitronenschale, in Butter leicht andünsten, Erbsen zugeben und mit Gemüsefond auffüllen. Mit Salz, Pfeffer und Honig würzen, Suppe 5 Min. köcheln lassen. Suppe im Mixer ganz fein pürieren, evtl. durch ein Sieb streichen. Sahne zugießen, Suppe mit dem Pürierstab noch einmal aufschäumen und abschmecken, Kräuter zugeben. Suppe in Gläser füllen, mit Minzblättchen garnieren.

Kalbsfilet auf Rosmarinspieß…

8 Kalbsfiletsteaks von je 80 g
8 lange Zweige Rosmarin
weißer und schwarzer Pfeffer
4 Zweige Zitronenthymian
1 Zitrone in dünne Scheiben geschnitten
3 EL Olivenöl
Salz

Kalbsfilets mit dem Handrücken leicht flachdrücken. Von den Rosmarinzweigen die unteren Nadeln entfernen, dann die Rosmarinspieße durch die Fleischscheiben stecken. Mit Pfeffer und Thymianblättchen würzen. Fleischspieße in eine Schale geben, mit Zitronenscheiben abdecken, Öl darübergießen und das Fleisch 2 Std. marinieren.Fleisch aus dem Öl nehmen, salzen. Das Öl in eine Pfanne geben, erhitzen, Filets darin auf jeder Seite ca. 5 Min. braten. Filetscheiben auf einen Teller geben, mit Alufolie abdecken und ruhen lassen.

…mit Zitronensauce

3 EL Olivenöl
4 Sardellenfilets in Öl
200 ml Sahne
1 EL Wermut
1 EL Kapern
Pfeffer
1/4 TL Honig

Sardellenfilets fein schneiden, in den Bratensatz geben, Sahne und Wermut angießen und cremig einkochen lassen. Kapern in die Sauce geben, mit Pfeffer und Honig pikant abschmecken. Fleischspieße anrichten, Sauce dazu reichen.

Zitronenkranz

Porenbeton-Zitronen
Spinosa, Olivenzweige
Limetten

Fenchel-

Zitronen-

Suppe an...

Fenchel-Zitronen-Suppe

1 große Fenchelknolle
2 Knoblauchzehen
frischer Ingwer, ca. 4 cm
2 Zwiebeln
1 Bund Frühlingszwiebel
3 Stängel Zitronengras
1 rote Chilischote
2 EL Öl
1 EL Currypulver
abgeriebene Schale
einer unbehandelten Zitrone
600 ml Gemüsebrühe
1 Dose (400ml) Kokosmilch
1 EL Ingwerwürfel in Sirup
Salz, evtl. Akazienhonig und
Pfeffer zum Abschmecken
gebratene Garnelen
Zitronengras zum
Aufspießen der Garnelen
(ersatzweise Holzspießchen)

Die Fenchelknolle putzen, halbieren, den Strunk entfernen und ½ Fenchelkolle für die Gemüseeinlage zur Seite legen. Restlichen Fenchel klein schneiden. Knoblauch, Ingwer und Zwiebeln schälen, kleinschneiden. Frühlingszwiebeln waschen und putzen, das Grün der Frühlingszwiebeln abschneiden und kleinschneiden. Die weißen Enden für die Gemüseeinlage zur Seite stellen. Zitronengras waschen, fein schneiden. Chilischote putzen, halbieren und die Kerne entfernen. Öl in einem Topf erhitzen, Gemüse darin andünsten, Currypulver und Zitronenschale zugeben, mit Gemüsebrühe auffüllen und alles ca. 30 Min. langsam kochen lassen. Dann die Brühe durch ein Sieb in einen Topf gießen. Kokosmilch zugießen, köcheln lassen. Restliche Fenchelknolle in ganz feine Würfel, das helle Ende der Frühlingszwiebeln in feine Ringe schneiden. Gemüse in etwas Öl andünsten, dann in die Suppe geben. Ingwer, wenn nötig, ganz fein hacken, mit dem Sirup in die Suppe geben. Suppe pikant mit Salz, Pfeffer und Honig abschmecken.

Suppe in Gläser oder Tassen füllen. Garnelen auf Zitronengrasstängel (oder Holzspießchen) aufspießen und die Suppe damit garnieren.

Dip

Dip

Dip

Zitronen-Dip

200 g Creme-Schafskäse
mit 250 g Sahnequark und 500 g Joghurt glattrühren,
abgeriebene Schale und Saft von einer Zitrone,
1 Bund Zitronenmelisse,
1 Bund Estragon (fein gehackt),
Salz,
Pfeffer,
etwas Zucker zugeben
und den Dip pikant abschmecken.

Kalte Ente

an

geschmiedetem Metallstab

Zitronen

Pause

Erntezepter
Ähren
Kordel
Schleifenband
Samenkapseln
Stab

an…

…an Grünkernsalat und Möhren-Cheddar-Brot

Grünkern mit Schafskäse und karamellisierten Aprikosen

für 6–8 Personen

250 g Grünkern
500 ml klare Instantbrühe
1 Bund Frühlingszwiebeln

4–5 EL Sherryessig
1 TL Senf
Salz, Pfeffer, Honig
125 ml Walnuss-Öl

500 g Schafskäse
1 Bund Rucola waschen, dicke Stiele entfernen
2 EL Zucker
250 g Aprikosen
50 g Pinienkerne
gebratene Speckstreifen zum Garnieren

Grünkern in die kochende Brühe geben, bei mittlerer Hitze ca. 30 Min. kochen lassen, bis die Körner ausgequollen sind. Die Frühlingszwiebeln putzen und in ganz feine Ringe schneiden. Für die Vinaigrette Essig, Senf, Salz, Pfeffer und Honig glattrühren. Langsam, in dünnem Strahl, das Öl zugießen. Grünkern und Frühlingszwiebeln mit der Vinaigrette mischen, 2 Stunden ziehen lassen.

Schafskäse in Würfel schneiden, Rucola waschen, abtropfen lassen. Zucker in eine Pfanne geben, leicht karamellisieren lassen und die halbierten Aprikosen mit der Schnittfläche nach unten in die Pfanne geben, leicht anschmoren und auskühlen lassen. Pinienkerne ohne Fett anrösten. Rucolasalat auf eine Platte geben, Grünkern, Schafskäse, Aprikosen und Pinienkerne darauf anrichten, mit gebratenen Speckstreifen garnieren.

Möhren-Cheddar-Brot

225 g Mehl
1 TL Backpulver
1,5 TL Salz
8 große Salbeiblätter
50 g Cheddar (in Scheiben)
200 g Möhren
2 Eier

Für die Füllung:
100 g Schafskäse
100 g gehackte, getrocknete Tomaten
1 Bund gehacktes Basilikum
Mehl zum Bestäuben

Mehl, Backpulver und Salz in einer Schüssel mischen. Salbeiblätter quer in feine Streifen schneiden. Cheddar fein würfeln. Möhren schälen, auf der Haushaltreibe raspeln und unter das Mehl mischen, dann Salbei und Cheddar untermischen. Eier mit 1 EL kaltem Wasser verrühren, zur Mehlmischung geben und alles zu einem glatten Teig verkneten. Teig auf der leicht bemehlten Arbeitsfläche durchkneten und zu einem Fladen formen. Für die Füllung alle Zutaten vermengen, auf den Teig streichen. Fladen aufrollen und einen ca. 25 cm langen Laib formen. Auf ein Backblech setzen. Mit einem scharfen Messer der Länge nach ½ cm tief einschneiden und leicht mit Mehl bestäuben. Im vorgeheizten Backofen bei 200 Grad 35–40 Min. goldbraun backen. Brot herausnehmen und auf einem Rost auskühlen lassen.

Blumen der Sonne

alte Bohlen
ausgesägt
geschliffen
bemalt

an

pikanter Himbeer-Marmelade
Möhren-Orangen-Marmelade
mit Lavendelblüten
Holunder-Balsamico-Creme

Pikante Himbeer-Marmelade

für 125 ml

600 g Himbeeren
1 unbehandelte Orange
2 unbehandelte Zitronen
40 g frischer Ingwer
1 rote Chilischote
150 g brauner Zucker
150 ml Weißwein
3 EL Himbeergeist
1 TL Curry

Himbeeren waschen. Orange und Zitronen schälen (weiße Haut ganz entfernen), Fruchtfilets herauslösen. Saft aus den Trennhäuten herauspressen. Ingwer schälen und fein reiben. Chilischote halbieren, Kerne, weiße Häutchen und Stängelansatz entfernen, Schote in feine Würfel schneiden. Zucker in einem Topf leicht karamellisieren, mit Weißwein und Himbeergeist ablöschen, aufgefangenen Orangen- und Zitronensaft, Ingwer und Chili zugeben. Curry und Himbeeren zugeben und offen bei milder Hitze 30-40 Min. köcheln lassen. Zum Schluss Orangen- und Zitronenfilets zugeben und ca. 5 Min. durchkochen lassen. Chutney heiß in Gläser füllen und verschließen.

Möhren-Orangen-Marmelade mit Lavendelblüten

für 125 ml

500 g fein geriebene Möhren mit 1 l frisch gepresstem Orangensaft, abgeriebene Schale einer unbehandelten Orange und Saft von 2 Zitronen zum Kochen bringen, Gelierzucker eins zu eins einrühren und nach Packungsanweisung kochen lassen. 1 EL Lavendelblüten unterrühren. Heiß in Twist-off-Gläser füllen und fest zuschrauben.

Holunder-Balsamico-Creme

für 125 ml

50 g braunen Zucker leicht karamellisieren lassen, mit 100 ml Holunderbeerensaft, 125 ml Rotwein ablöschen, 1 Zweiglein Rosmarin zugeben und alles bei kleiner Hitze auf die Hälfte einkochen lassen. Rosmarin entfernen. Sirup in ein Schraubglas füllen. Hält sich 4 Wochen im Kühlschrank. Schmeckt zu Salat, Käse und Dessert.

Altes Leinen-Rolltuch *an* Brötchenrad

500 g Brotbackmischung
25 g frische Hefe oder 1 Päckchen Trockenhefe
30 g Röstzwiebeln, 1 EL Mohn,
1 EL gehackte Sonnenblumenkerne
30 g klein geschnittene, getrocknete Tomaten
1 EL gehackte Oliven
1 EL gehackte, geröstete Mandeln
oder Pinienkerne
80 g geriebener Raclettekäse

Brötchenrad mit Zwiebeln und Käse

Brötchenteig nach Anweisung mit Hefe zubereiten. Röstzwiebeln, Mohn, Sonnenblumenkerne, Tomaten, Oliven, Mandeln oder Pinienkerne unterkneten. Teig in einer Schüssel abgedeckt an einem warmen Ort 30 Min. gehen lassen. Käse reiben. Teig auf der bemehlten Arbeitsfläche durchkneten, halbieren und die Hälften zu 30 cm langen Rollen formen. Jede Rolle in 7 Stücke schneiden und zu runden Brötchen formen. Auf ein mit Backpapier ausgelegtem Backblech zu einem Rad zusammensetzen. Mit Käse, Mohn und Sonnenblumenkernen bestreuen, 20 Min. gehen lassen. Im heißen Backofen bei 180 Grad 25 Min. backen.

Westfälische Beerenkaltschale mit Pfannkuchen

an

geschweisstem Triangelstuhl mit Haferkranz Sonnenblumen-Beistelltisch

Westfälische Beerenkaltschale mit Buttermilch

Für 4 Personen

800 g Beeren (Johannisbeeren, Brombeeren, Blaubeeren, u.a.)
2 unbehandelte Zitronen
150 g Zucker
2 Zweige Zitronenmelisse
2 Zweige Orangenverbene
100 ml Holunderblütensaft

1/2 l Buttermilch
4 EL geriebener Pumpernickel

Beeren putzen, waschen und in eine Schüssel geben.
Zitronen waschen, Schale fein abreiben.
Zitronenschale, Zucker und fein gehackte Kräuter
unter die Beeren mischen, Holunderblütensaft untermischen.
Die gut gekühlte Buttermilch gut durchschlagen
und zu den Beeren geben.
Vor dem Servieren mit Pumpernickel bestreuen.

Pfannkuchen-Gewürztorte

für 4 Pfannkuchen

2 EL gehackte Mandel, geröstet
125 g Räucherforelle
2 EL Thymianblättchen
1 EL rote Pfefferbeeren
3 EL Schmand
150 g rotes Johannisbeergelee
2 EL Rotweinessig
5 EL Orangensaft
1 TL abgeriebene Schale einer unbehandelten Orange
1 EL Thymian
100 g Johannis- oder Preiselbeeren

Mandeln, Räucherforelle, Thymian, Pfefferbeeren und Schmand zu einer Creme verrühren.
3 Pfannkuchen mit der Creme bestreichen, mit dem vierten Pfannkuchen abdecken, gut andrücken, in Alufolie einwickeln und 2 Stunden ziehen lassen.
Johannisbeergelee, Essig, Orangensaft, Orangenschale, Thymian und Beeren verrühren.
Torte in Stücke schneiden, mit dem Dressing servieren.

Tortenstückchen mit Feldsalat und Dressing als Vorspeise reichen.

Beerenkaltschale mit weißer Mousse

an

Sommerfrucht-Stillleben neben Sonnenblumenzierde

Beerenkaltschale mit weißer Mousse

Für 4 Personen

100 g weiße Kuvertüre
250 ml Sahne
1 Vanilleschote

800 g Beerenmischung
abgeriebene Schale von zwei unbehandelten Orangen
150 g Zucker
2 Zweige Basilikum
2 Zweige Minze
100 ml Sekt

Kuvertüre fein hacken.
Sahne mit der aufgeschlitzten Vanilleschote in einen kleinen Topf geben und einmal aufkochen lassen, dann Schote entnehmen.
Den Topf vom Herd nehmen und die Kuvertüre darin unter Rühren auflösen.
Sahnemischung in den Kühlschrank stellen. Schokoladensahne sehr gut durchkühlen lassen (das kann auch prima am Vortag vorbereitet werden).
Beeren in eine Schüssel geben.
Orangenschale, Zucker und fein gehackte Kräuter mischen, unter die Beeren heben. Sekt zugeben.
Die gut gekühlte Sahnemischung mit dem Handrührgerät steif aufschlagen und Nocken abstechen.
Kaltschale und Nocken anrichten.

Sommer

Mein

Betonäpfel
Draht
Papier
Zementmörtel
Farben
Holzstab

HERBST

an…

…an pikantem

Rotapfel

Für 4 Personen

4 große Äpfel
Saft von 1/2 Zitrone
1 Zwiebel
1 TL Butterschmalz
200 g Sauerkraut
Salz, Pfeffer,
70 g Bergkäse
8 Scheiben Frühstücksspeck
Butter
und etwas Weißwein für die Form
2 EL brauner Zucker
1 Gemüsezwiebel
3 EL Öl

Créme fraîche, fein gehackter Dill,
Salz, Pfeffer,
etwas abgeriebene Zitronenschale

Von den Äpfeln den Deckel abschneiden. Mit einem Apfelausstecher das Kerngehäuse entfernen, dann noch etwas Fruchtfleisch auslösen. Äpfel innen mit Zitronensaft beträufeln. Zwiebeln würfeln, in Butterschmalz andünsten, dann klein geschnittenes Apfelfruchtfleisch und klein geschnittenes Sauerkraut zu den Zwiebeln geben und mit den Gewürzen abschmecken. Käse klein schneiden und unter das Sauerkraut mischen. Die Äpfel mit der Krautmischung füllen. Mit Speckscheiben kreuzweise umwickeln und mit Holzspießen feststecken. Form buttern, Äpfel hineinsetzen, mit etwas Weißwein übergießen und mit Zucker bestreuen. Form mit Alufolie verschließen und im heißen Backofen bei 180 Grad ca. 20–30 Min. backen. Die Äpfel zwischendurch mehrmals mit Schmorfond begießen.Gemüsezwiebel schälen und in Ringe schneiden, Zwiebelringe mit etwas Mehl bestäuben, Zwiebelringe in Öl kross braten, auf Küchenkrepp abtropfen lassen.
Créme fraîche mit den angegebenen Zutaten verrühren.

Äpfel mit Kartoffelpüree, einem Klecks Créme fraîche und Zwiebelringen anrichten und servieren.

GELEGTER

FRÜCHTEKREIS

an…

...an

Gewürzäpfeln mit Blauschimmelkäse

für 4 Personen

1 l Wasser mit Saft einer Zitrone, 600 g Zucker, 2 Zimtstangen, schwarzem Pfeffer, Muskat und Nelken kräftig würzen und bei schwacher Hitze ca. 5 Min. sirupartig einkochen lassen.

4 Äpfel quer halbieren und das Kerngehäuse entfernen. Die Apfelhälften ca. 10 Min. im Sirup kochen lassen, dann im Sirup bis zum nächsten Tag zugedeckt kühl stellen. Äpfel aus dem Sirup holen und abtropfen lassen. Backofen auf 180 Grad vorheizen. 80 g gehackte Walnüsse, 100 g Gorgonzola und 1 TL rosa Pfefferbeeren verrühren, die Apfelhälften damit belegen und 10 Min. im heißen Ofen überbacken. Mit Feldsalat und kross gebratenen Speckstreifen warm servieren.

Wenn Blätter bunt sich färben
und Herbstzeitlosen blüh'n,
die Menschen Pilze sammeln
und Schwalben südwärts zieh'n.

Wenn wir für Ernte danken,
die Winde kühler weh'n,
sich Nebel zögernd lichten
dann will das Jahr vergeh'n.

Es zieht mit steifen Schritten
durch Kälte, Schnee und Wind
und kommt nach sanftem Schlummer
zurück als Frühlingskind.

Apfel-Kerzenständer
VAN NAHMEN
Haus-Zwetsch
VAN NAHMEN

Apfel-Amphore

Apfel-Pokale
an…

…an
Apfel-Crostini mit Wurst- und Leberbrot

Für 6 Stück

6 Scheiben Crostini
1 Knoblauchzehe
5 EL Olivenöl
je 6 Scheiben
Wurst- und Leberbrot
200 g säuerliche Äpfel
1 Schalotte
gehackte Petersilie
2 Zweige Oregano
Salz und Pfeffer
1/2 TL rote Pfefferbeeren

Brotscheiben im Backofen oder Toaster rösten, auf jeweils einer Seite mit Knoblauch einreiben. Wurst und Leberbrot in 2 EL Olivenöl braten. Äpfel schälen, Kerngehäuse ausstechen und in Scheiben schneiden. Schalotten fein würfeln. Petersilie und Oregano fein hacken. Restliches Öl in einer Pfanne erhitzen. Apfelscheiben und Schalotten darin braten, mit Salz und Pfeffer würzen. Petersilie, Oregano und Pfefferbeeren untermischen. Wurst- und Leberbrot, Apfelscheiben und Schalotten auf Brotscheiben verteilen und warm servieren.

HAND- BE- MAL-
TES AP- FEL-
KIS- SEN an...

Apfel
Apfel
Apfel
Apfel

…*an* Obst und Früchten mit Käseplatte

Apfel

Hühner

Naturkranz *an…*

Ring aus Steckmasse, Bindedraht, Zierkürbissen, Moos, Blättern, Heide, Pfifferlingen und anderen ausgewählten Pflanzenteilen

…Sanddorn-Aperitif

Pro Glas:
2 cl Sanddornlikör
2 EL frisch gepresster Orangensaft
2 Eiswürfel
Zutaten in ein Sekt- oder Cocktailglas füllen, mit Sekt auffüllen.

Koch-

-Gemeinschaft

Herbstsalat mit Balsamico-Birne

Für 4 Personen
1 kleiner Kopf Radicchio-Salat
1 Kopf Lollo-Rosso-Salat
1 Eichblatt-Salat

4 EL Balsamico-Essig
3 EL Ahornsirup
(ersatzweise flüssiger Honig)
Salz, Pfeffer
3 EL Walnussöl, 3 EL Olivenöl
2 Bund Lauchzwiebeln
3 EL Pinienkerne

2 große Birnen
2–3 EL Butter
1 EL Puderzucker

Blattsalate waschen, trockenschleudern, von dicken Stielen befreien und in mundgerechte Stücke teilen. Salate auf eine Platte oder Portions-Teller anrichten. Balsamico mit Ahornsirup, Salz, Pfeffer verrühren Walnussöl darunterschlagen, pikant abschmecken. Das Dressing vor dem Servieren über die Salatblätter verteilen.

Pinienkerne in einer Pfanne ohne Fett rösten. Lauchzwiebeln putzen, waschen. Hellgrüne Teile in dünne Ringe schneiden, Birnen vierteln, entkernen, in Spalten schneiden.

Butter zerlassen, Birnen darin andünsten. Zucker überstäuben, schmelzen. Lauchzwiebeln unterheben. Alles auf den Salat verteilen. Pinienkerne darüberstreuen. Sofort servieren. Dazu schmecken Parmesantaler (Rezept S. 133)!

Rote-Bete-Apfel-Salat

Für 4 Personen
2 Knollen Rote Bete
(gekocht und geschält)
1 säuerlicher Apfel
Zitronensaft
20 g geröstete Pinienkerne
Salz, Pfeffer,
1–2 TL Orangenhonig
Saft 1 Zitrone
4 EL Walnussöl

Rote Bete in kleine Würfel schneiden, ebenso den geschälten, geviertelten und entkernten Apfel. Apfel sofort in etwas Zitronensaft wenden. Rote Bete- und Apfelwürfel mit Pinienkernen, Salz, Pfeffer, Orangenhonig, Zitronensaft und Walnussöl mischen,kräftig würzen, pikant abschmecken und 2 Std. ziehen lassen.

SÜSSKARTOFFELSCHEIBEN

Für 4 Personen

750 g Süßkartoffeln schälen, in 1,5 cm dicke Scheiben schneiden. Kartoffelscheiben auf ein leicht geöltes Backblech legen. 2 EL Honig mit 2 EL Öl, 250 ml frisch gepresstem Orangensaft, grobem Salz und 1 TL fein gehackten Rosmarinnadeln verrühren. Über die Kartoffelscheiben geben. Bei 175 Grad im Backofen 45 Min. backen, dabei einmal wenden.

PARMESANTALER

Für 16 Stück: 200 g Parmesan am Stück mittelfein reiben. Pro Taler ca. 3–4 EL Käse gleichmäßig (15 cm ø) auf ein Backblech verteilen. Bei mittlerer Hitze (Backofen 175 Grad) ca. 10–15 Min. schmelzen, bis eine Art Crêpe entsteht. ACHTUNG! Taler dürfen nicht zu dunkel werden. Am Rand mit einer Palette oder einem Tortenheber vorsichtig lösen, vom Backblech heben. Als Taler, als Röllchen (Käsecrêpe aufrollen) oder als Körbchen (Crêpe noch warm über den Boden eines breiten Glases stülpen) zu Bier, Wein oder als Beilage servieren.

Tisch'lein

Mal

ist

so,

gedeckt!

mal

so.

Pyramiden aus weißer Heide

zur Pyramide geformtes Drahtgestell
Wickeldraht
weiße Heide
breites Filzband
Kordel
Perlen
Steckdraht

aufgesteckter Kranz aus weißer Heide
Drahtring, Wickeldraht, weiße Heide, Perlen Zierkürbis, Steckdraht

Kürbissuppe mit Kokos *an…*

Für 4 Personen

750 g Hokkaido-Kürbisfruchtfleisch
1 Banane
Saft einer Zitrone
2 EL Butter
40 g Ingwer, geschält und in ganz feine Würfel geschnitten
1 TL Curry
½ l Gemüsebrühe
1 Dose Kokosmilch
Salz, Pfeffer, Honig
125 g leicht geschlagene Sahne
2 EL angeröstete Kokosflocken

Den Kürbis waschen, halbieren, Kerne entfernen und ihn mit Schale in Würfel schneiden. Banane in Scheiben schneiden. Zitrone auspressen. Butter in einem Topf erhitzen, das Kürbisfruchtfleisch und die Bananenscheiben darin andünsten, Ingwer und Curry zugeben, mit Brühe und Zitronensaft auffüllen und ca. 30 Min. leicht kochen lassen. Kokosmilch zugeben, 5 Min. köcheln lassen, die Suppe mit dem Pürierstab pürieren, mit Salz, Pfeffer und Honig würzig abschmecken.

Suppe in Suppentassen oder Gläser füllen, leicht angeschlagene Sahne darauf verteilen und mit gerösteten Kokosflocken bestreuen.

…an violetter Heide…

Strohkranz
Heide

Wickeldraht
Filzband
breit & schmal
Dekogeweih

...kranzvoll präsentiert!

Herbstliches Potpourri aus Blumen, Früchten und Beeren an…

Für 4–6 Personen:

Für den Teig:
200 g Mehl
125 g Butter
1 Ei
1 Prise Salz
2 EL kaltes Wasser

750 g Hokkaidokürbis
1 rote Chilischote
2 EL Butter
250 g Hackfleisch
1 Zwiebel und 1 Knoblauchzehe gewürfelt
1 Zweig Rosmarin
1 EL Öl, Salz, Pfeffer

Für die Käse-Ei-Masse miteinander verrühren:
3 Eier
200 ml Sahne
100 g geriebener Bergkäse

Aus den Teigzutaten einen Mürbeteig kneten. Eine Tarteform ausfetten, den Teig hineindrücken, den Rand hochziehen. Teig 1 Std. kalt stellen. Kürbis waschen, halbieren, entkernen und in 0,5 cm dicke Spalten schneiden. Chili entkernen und fein würfeln. Kürbisspalten mit Chili in Butter kurz anbraten, auskühlen lassen.

Hackfleisch in Öl mit Zwiebeln und Knoblauch und dem Rosmarinzweig anbraten, mit Salz und Pfeffer würzen, Rosmarinzweig entfernen. Kürbisspalten auf den Teigboden verteilen, Hackfleisch darüber verteilen, die Käse-Ei-Masse darübergießen. Im Backofen bei 200 Grad 35–40 min backen.

Für die Gremolata:
1 Bund glatte Petersilie ganz fein hacken, ebenso 50 g Walnüsse.
Schale von 1 Orange abreiben.
Alle Zutaten mischen.
Tarte in Stückchen schneiden, portionsweise anrichten und mit Gremolata bestreuen.

…Kürbis-Tarte mit Petersilien-Gremolata

Kalbsbraten in Hagebuttensauce

Für 4 Personen:

1,5 kg Kalbfleisch (aus der Keule oder Schulter)
250 g Zwiebeln
1 Knoblauchzehe
Salz, Pfeffer
1–2 EL Mehl
3–5 EL Olivenöl
3 EL Tomatenmark
500 ml Weißwein
1 Zweig Rosmarin
750 ml Kalbsfond
etwas Speisestärke zum Binden der Sauce
1–2 EL Hagebuttenmus
200 ml Sahne

Den Backofen auf 140 Grad vorheizen. Fleisch kurz mit kaltem Wasser abspülen, trockentupfen und von Haut und Sehnen befreien. Zwiebeln und Knoblauch schälen und in kleine Würfel schneiden. Fleisch mit Salz und Pfeffer würzen, mit Mehl bestäuben. Öl in einen großen Bräter geben, erhitzen und das Fleisch im heißen Fett rundherum kräftig anbraten. Fleisch herausnehmen, im Bratenfett Zwiebeln und Knoblauch anbraten, Tomatenmark einrühren, mit Wein ablöschen und die Flüssigkeit einkochen lassen. Fleisch, Rosmarin und Kalbsfond in den Topf geben, Deckel auflegen, das Fleisch in den Backofen schieben, nach 10 Min. die Temperatur auf 90 Grad herunterschalten und den Braten ca. 4 Std. garen, dabei das Fleisch gelegentlich wenden und begießen. Danach das Fleisch aus den Topf nehmen, im Backofen warm stellen. Den Fond durch ein Sieb in einen Topf gießen. Speisestärke mit etwas kaltem Wasser anrühren, die Sauce damit binden. Hagebuttenmus in die Sauce rühren, mit Sahne, etwas Weißwein verfeinern und pikant abschmecken.

Kräuter-Kalbsfilet

Für 4-6 Personen:
1 kg Kalbsfilet
20 g Butterschmalz
Pfeffer aus der Mühle
1 Bund Thymian
6–8 Zweige Rosmarin
2 Knoblauchzehen

Zubereitung:
Kalbsfilet kalt abspülen und trockentupfen. Fleisch in 3–4 cm dicke Scheiben schneiden. Butterschmalz in einer Pfanne erhitzen, Fleischscheiben darin von beiden Seiten kräftig anbraten. Dabei mit Salz und Pfeffer würzen, Kräuter und Knoblauch zugeben. Fleisch in der Pfanne im vorgeheizten Backofen (E-Herd 80 Grad), ca. 20 Minuten langsam garen.

Elch *an*...

Blei
Vorlage
Drahtschere
Drahtbürste

...Kürbis - Pannacotta

Für 4 Personen:

Für die Pannacotta:
4 Blatt Gelatine
250 g Hokkaido-Kürbis mit Schale
500 ml Sahne
50 g Ahornsirup
1 Messerspitze Vanillepulver
150 g Crème fraîche
1 TL abgeriebene Zitronen- oder Orangenschale
1 EL Zitronensaft oder
2 EL Orangensaft

Gelatine in kaltem Wasser einweichen. Kürbis waschen, halbieren, Kerne und faseriges Inneres entfernen, Kürbisfrucht in kleine Würfel schneiden. Kürbis, Sahne, Ahornsirup, Vanille verrühren und 5–7 Min. leicht kochen lassen. Vom Herd nehmen und die Masse pürieren, die ausgedrückte Gelatine unter Rühren in der Flüssigkeit auflösen, ca. 15 Min. auskühlen lassen. Crème fraîche unterrühren und die Masse in Portionsschalen füllen.
Die Pannacotta mindestens 4 Std. oder über Nacht auskühlen lassen.

Für das Herbstkompott:
200 ml Traubensaft
2 EL brauner Zucker
1 Zimtstange, 1 Anisstern
200 ml Rotwein
200 g blaue und
200 g grüne Trauben ohne Kerne

Saft, Zucker, Zimtstange, Anisstern und Rotwein aufkochen lassen, bis eine sirupartige Masse entsteht. Trauben waschen, halbieren und in die Sauce geben, einmal aufkochen lassen.

Für das Krokant:
50 g Walnüsse
50 g braunen Zucker

Walnüsse, Zucker in einer Pfanne bei mittlerer Hitze goldbraun werden lassen. Die Masse auf ein geöltes Backblech geben, glattstreichen und erkalten lassen. Vor dem Servieren in kleine Stücke brechen oder hacken.

Creme, Kompott und Krokant zusammen anrichten.

Danke

Ernte

Gänsehals *an*.

...Gänsebrust in Portwein mit Lebkuchensauce

Kräuterschmalz

Winterschmalz

WINTER

Gans, schön spiessig

Gesägt
aus
Holzbohlen
Spiess
zugeschnitten
bemalt

Kräuter-Schmalz-Töpfchen

ca. 200 ml

2 kleine säuerliche Äpfel
2 Schalotten
½ TL Zucker
350 g Gänseschmalz
2–3 Zweige Thymian
2 Zweige Majoran
Salz, Pfeffer

Äpfel und Schalotten schälen, in ganz kleine Würfel schneiden. 1 EL Gänseschmalz in eine Pfanne geben, Äpfel und Zwiebelwürfel darin kurz andünsten. Mit Zucker bestreuen und karamellisieren. Gänseschmalz, Kräuter und Gewürze zugeben, ca. 5 Min. köcheln lassen. Schmalz etwas abkühlen lassen, in Gläser füllen und ganz auskühlen lassen. Mit Kräuterzweiglein garnieren. Auf kräftiges Brot streichen, mit Pfeffer und Salz nochmals würzen.

Winterschmalz

ca. 200 ml

250 g Steckrüben
1 Schalotte
1 TL Zucker
250 g Schweineschmalz
1 Zweig Rosmarin
1 TL rosa Pfefferbeeren
Salz

Steckrüben und Schalotte schälen, in ganz feine Würfel schneiden. 1 EL Schmalz in eine Pfanne geben, Steckrüben- und Schalottenwürfel darin andünsten, mit Zucker bestreuen und karamellisieren. Schmalz, ganz fein gehackte Rosmarinnadeln, Pfefferbeeren und Salz zugeben. Schmalz etwas abkühlen lassen, in Gläser füllen und ganz auskühlen lassen. Mit Kräuterzweiglein garnieren. Auf kräftiges Brot streichen, mit Pfeffer und Salz nochmals würzen.

Gänsebrust in Portwein mit Lebkuchensauce

Für 4 Personen
4 Gänsebrustfilets
Salz, Pfeffer
200 ml Portwein

Die Haut der Filets längs und quer einschneiden, Fleisch salzen, pfeffern. Mit der Hautseite nach unten zuerst in einer beschichten Pfanne ohne Fett anbraten, anschließend Gänsebrust in einen Bräter setzen. Das Gänsefett in eine Schüssel gießen, den Portwein in den Bratensatz gießen, aufkochen lassen und den Fond zu den Filets geben, in den auf 160 Grad vorgeheizten Backofen setzen und ca. 90 Min. garen, dabei immer wieder begießen. Die Gänsebrust herausnehmen, auf einen Teller setzen und im ausgeschalteten Backofen warmstellen.

Für die Sauce
2 Zwiebeln
200 ml Rotwein
300 ml Geflügelfond
2 Saucenlebkuchen
1 kleiner Zweig Rosmarin
2 Nelken
1 TL Wacholderbeeren
1 TL Korianderkörner
1 Lorbeerblatt
1–2 EL Rübenkraut

Die Zwiebeln schälen, fein würfeln und in 2 EL Gänsefett anbraten, Rotwein und den Fond von der Gänsebrust angießen. Die Lebkuchen fein reiben und zusammen mit den Gewürze hinzugeben. Danach 20 Min. köcheln lassen. Fond durch ein Sieb gießen. Das Rübenkraut einrühren, mit dem Pürierstab durchmixen und schaumig aufschlagen. Die Sauce auf Tellern anrichten. Die Gänsebrust in Scheiben schneiden, darauflegen.

Beilage: Rosenkohl und Semmelknödel

Sternenständer *an* Weihnachtsmenü

Wachssterne
bewachster
Holzstern
Eisenstab
Silberkugeln
bewachste
Pergamenttüte
als Spitze

Steinpilzsuppe mit Steinpilzravioli

Riesengarnelen
mit Orangencreme

Hirschkeule
mit Chilli-Schokoladen-Sauce
Kartoffeln-Steckrüben-Püree
Wirsing-Birnen-Gemüse

Mascarpone mit Beeren
und karamellisiertem
Rosmarin-Pumpernickel

Steinpilzsuppe mit Steinpilzravioli

Für 6 Personen

40 g getrocknete Steinpilze
3 EL Butter
3 Schalotten
150 ml trockener Weißwein
50 ml Portwein
1–2 EL Gemüsepaste
6 Ravioli mit Steinpilzfüllung (Kühlregal)
150 ml Sahne
Salz, Pfeffer
3 EL Petersilienblättchen

Getrocknete Steinpilze in 1 l heißem Wasser einweichen und 20 Min. quellen lassen. Butter in einem Topf erhitzen. Geschälte, klein gewürfelte Zwiebeln darin glasig dünsten. Wein und Portwein zugießen. Eingeweichte Pilze samt Einweichwasser zugeben und aufkochen lassen, Gemüsepaste einrühren und zugedeckt 15 Min. köcheln lassen. Suppe mit dem Stabmixer pürieren, durch ein Sieb streichen.

Steinpilzravioli in Salzwasser 2–3 Min. gar ziehen lassen, abgießen. Sahne in die Suppe geben, nochmals gut aufschäumen. Suppe mit Salz und Pfeffer pikant abschmecken. Suppe in vorgewärmte Suppenteller geben. Ravioli in die Suppe geben und mit fein gehackter Petersilie bestreuen.

Riesengarnelen mit Orangencreme

Für 6 Personen

4 Orangen
½ TL rosa Pfefferbeeren
200 g Crème fraîche
50 g Joghurt (10 % Fett)
2 TL Senf, mittelscharf
1 TL brauner Zucker
½ frische Chilischote
Salz
Dill
12 Riesengarnelen
abgeriebene Schale von einer halben unbehandelten Zitrone
abgeriebene Schale von einer unbehandelten Orange
2 EL Öl
150 g Rucola
1 Radicchio
4 Toastscheiben

Von den Orangen mit einem scharfen Messer die Schale samt weißer Haut abschneiden. Das Fruchtfleisch von 2 Orangen zwischen den Trennhäuten herausschneiden, dabei den Saft auffangen. Rosa Pfeffer in einem Mörser zerstoßen.
Crème fraîche mit Joghurt, Senf und Zucker in einem Rührbecher verrühren. Chilischote ganz fein schneiden, mit Salz, rosa Pfefferbeeren und den Orangenfilets unterrühren.
Garnelen säubern, mit Zitronen- und Orangenschale würzen, in Öl rundherum kurz anbraten, auskühlen lassen.
Aus den Toastscheiben mit einem Ausstechförmchen Toaststerne ausstechen, mit Butter bestreichen und auf ein Backblech legen.
Im vorgeheizten Backofen bei 200 Grad ca 25 Min. rösten.
Rucola und Radicchio waschen und trockenschleudern.
Die restlichen 2 Orangen in Scheiben schneiden.
Die Früchte mit den Salaten und Toaststernen auf einer großen Platte anrichten und die Garnelenschwänze dekorativ darauf verteilen.
Die Salatsauce darüber verteilen.

Hirschkeule mit Chili-Schokoladen-Sauce

Für ca. 6 Personen

1,5 kg Hirschbraten aus der Keule von Haut und Sehnen befreien und evtl. Knochen auslösen.

Für die Beize:

1 Zweig Rosmarin
10 Wacholderbeeren
1 Zwiebel gewürfelt
2 Möhren gewürfelt
1 Stange Staudensellerie in Streifen
4 Nelken
½ Zimtstange
½ l Rotwein
⅛ l Orangensaft

Zum Anbraten:

3 EL Öl
Salz, Pfeffer
100 g durchwachsener Speck
½ l Fleischbrühe
5 EL Marsala (Süßwein)
30 g Chilischokolade
100 g Crème fraîche
1 EL Preiselbeeren
3 EL Cointreau

Das Fleisch mit den Gewürzen, Gemüse und Rotwein zugedeckt 12 Std. marinieren. Fleisch aus der Beize nehmen, trockentupfen und in heißem Öl rundum kräftig anbraten, mit Salz und Pfeffer würzen. Speck mit anbraten. Dann die Marinade, Fleischbrühe und den Marsalawein angießen. Im vorgeheizten Backofen bei 180 Grad ca. 1½–2 Std. braten. Den Braten aus dem Bräter nehmen und im ausgeschalteten Backofen warm halten, (mit Folie abdecken). Schokolade in die Sauce krümeln, einkochen lassen und anschließend die Sauce durch ein Sieb gießen. Crème fraîche, Preiselbeeren und Cointreau einrühren und Sauce damit binden.

Beilage:
Bratäpfel, Rotkohl, Rosenkohl, Wirsing

Kartoffeln-Steckrüben-Püree

Für ca. 4 Personen

500 g Steckrüben
900 g mehlige Kartoffeln
Salz
2–3 EL Crème fraîche
50 g Butter
Pfeffer
1 kleiner Zweig fein gehackte Rosmarinnadeln

Steckrüben und Kartoffeln schälen und in grobe Würfel schneiden. Kartoffeln- und Steckrübenwürfel getrennt in Salzwasser garen. Karoffeln und Steckrüben abgießen, gut abdämpfen lassen, zusammen in einen Topf schütten und mit dem Kartoffelstampfer grob zerdrücken. Mit Crème fraîche und Butter cremig aufschlagen. Salzen und pfeffern. Rosmarin unter das Püree heben.

Wirsing-Birnen-Gemüse

Für ca. 4 Personen

500 g Wirsing
2 Schalotten
2 reife, süße Birnen
Pfeffer, Salz, Muskatnuss
1 EL Butter
etwas Puderzucker
100 ml Sahne

Wirsing putzen, halbieren, den harten Strunk in der Mitte entfernen, Hälften achteln und in feine Streifen schneiden. Schalotten schälen und fein würfeln. Birnen schälen und in Würfel schneiden. Im Topf etwas Butter erhitzen, darin die Schalotten andünsten und mit etwas Puderzucker bestäuben. Den Wirsing dazugeben, kurz dünsten, dann die Sahne zugeben, aufkochen lassen. Mit Salz, Pfeffer und Muskatnuss abschmecken. Zusammen mit den dazugegebenen Birnen ca. 7 Min. garen.

Anrichten:

Püree mit Gemüse in runder Form schichten, dünn geschnittene Hirschkeule auf Spieß stecken, mit einem ausgestochenen Sellerie-Stern garnieren.

Mascarpone mit Beeren und karamellisiertem Rosmarin-Pumpernickel

Für 4–6 Personen

250 g Mascarpone
250 g Joghurt 3,5 %
200 g geschlagene Sahne
4–6 EL Rohrzucker
abgeriebene Schale einer unbehandelten Orange

300 g TK-Beerenmischung
Rohrzucker nach Geschmack
2 EL Orangenlikör

2 Scheiben Pumpernickel
75 g Zucker
100 g Mandelblätter
1 kleiner Zweig Rosmarinnadeln, gehackt

50 g Blockschokolade, gehackt

Mascarpone, Joghurt, Sahne, Rohrzucker und Orangenschale verrühren. Creme in flache Form füllen, zum Ausstechen kalt stellen. Beerenmischung auftauten lassen, Zucker nach Geschmack und Likör zugeben. Pumpernickel zerreiben.

Zucker in eine Pfanne geben, Pumpernickelkrümel, Mandelblätter und gehackte Rosmarinnadeln zugeben, leicht karamellisieren lassen. Schwarzbrot-Mandelgemisch auf ein Backblech streichen, kalt werden lassen. Dann mit einem großen Messer zerhacken. Brösel mit Schokolade mischen und vor dem Servieren unter die Creme geben.

Der besondere
Tannenbaum
Styroporkorpus
Seidenpapier
Wachs
Glanzbilder
mit Kranzparade

Schokotraum

1 l Milch erwärmen
100–150 g Zartbitterschokolade (70%)
darin langsam schmelzen lassen.
1 Messerspitze Chilipulver
und dünn geschälte Schale
einer halben Orange 10 Min.
in der Schokolade ziehen
lassen. Orangenschale entfernen.
Schokolade mit leicht
geschlagener Schlagsahne
und 1 EL Orangenlikör servieren

Eiserkuchen

für 80–100 Stück
500 g Kandis
250 g Butter
500 g Mehl
2 Eier
2 Eigelb
½ l kochendes
Wasser
Zimt
1 Sternanis

500 g Kandis in einem halben Liter Wasser auflösen. Butter schaumig rühren, Mehl und Eier hinzugeben. Flüssiges Kandiswasser unterrühren. Mit Zimt und Anis abschmecken. Den Teig portionsweise im Eiserkuchencisen backen, noch warm zum Hörnchen rollen.

Schokotraum mit Eiserkuchen...

Winterpflaumen-Punsch

Für 4–8 Personen

1 Orange
2 EL Zucker
Saft und Schale einer halben Zitrone
750 ml trockener Rotwein
250 ml Pflaumenlikör
1 Zimtstange
5 Gewürznelken
1 EL brauner Kandis

Die Orangenschale fein abschneiden und 1 EL. Zucker darüberstreuen. Die Orange selbst von der weißen Haut befreien, dann in Stücke schneiden und mit der gezuckerten Schale und den Backpflaumen in einen Topf geben. Den Rotwein, Likör, alle Gewürze und Zucker zugeben und erhitzen (nicht kochen). 20 Min. ziehen lassen. Wein mit je 1 Pflaume in Gläser füllen und servieren.

…und Winterpflaumen-Punsch

Gans

Winter

Venezianische Masken

an

Mutzenmandeln Fastenschleifen

FÜNFTE JAHRESZEIT

Venezianische Masken

geduldige Modelle, Gipsbinden, Acrylfarben, Lack

Fastenschleifen

Für ca 15 Stück
250 g Mehl
25 g Puderzucker
25 g Butter
2 Eier
abgeriebene Schale einer halben unbehandelten Zitrone
2 EL Zitronensaft

Öl zum Frittieren
Puderzucker zum Bestäuben

Alle Zutaten in eine Schüssel geben und kräftig durchkneten (ca. 10 Min). Teig 40 Min. ruhen lassen. Den Teig auf eine leicht bemehlte Fläche ca. 2 ½ cm dick ausrollen, dann längs in 4 x 10 cm große Streifen schneiden. Öl in einer tiefen Pfanne oder Fritteuse erhitzen. Teigscheiben darin ausbacken, bis sie leicht gebräunt sind. Auf Küchenkrepp abtropfen lassen, mit Puderzucker bestäuben.

Mutzemandeln

Für ca. 50 Stück
180 g Butter
2 Eier
120 g Zucker
500 g Mehl
2 TL Backpulver
ca. 100 ml Buttermilch
Saft und abgeriebene Schale einer unbehandelten Orange
1 Prise Zimt
1 Prise Salz
Öl zum Frittieren
Puderzucker

Ganz weiche Butter mit den Eiern und dem Zucker schaumig schlagen. Mehl mit Backpulver in eine Schüssel sieben, dann vorsichtig mit der Buttermilch, Orangenschale und dem Saft der Orange, Zimt und Salz unter die Buttermasse rühren und zu einem glatten Teig verkneten. Das Frittierfett in einer tiefen Pfanne oder Fritteuse erhitzen. Den Teig auf einer bemehlten Fläche etwa einen halben cm dick ausrollen und mit Ausstechförmchen kleine Mutzen ausstechen. Nach und nach die Mutzen in das Fett geben und von beiden Seiten goldgelb ausbacken. Mit dem Schaumlöffel herausholen und abtropfen lassen. Die fertigen Mutzemandeln mit Puderzucker bestreuen.

Cristallo Spezial

Für 1 Glas

3–4 Eiswürfel
2 cl Aperol
1 Spr. Angustura Bitter
4 cl Blutorangensaft
6 cl Prosecco
1 Orangenscheibe

Eiswürfel in ein Glas füllen, alle weiteren Zutaten und Orangenscheibe zugeben.

Blue Coconut

Für 1 Glas

2–3 Eiswürfel
2 cl Kokossirup
8 cl Mangossaft
2 cl Blue Curacao
1 Spritzer Grenadinesirup

Eiswürfel in ein Glas füllen, Kokossirup und Mangesaft zugeben, Blue Curacao und Grenadinesirup in den Cocktail gießen und warten, bis er sich abgesetzt hat.

en do Brasil

Für 1 Glas

2–3 Eiswürfel
2 cl Blue Curacao
2 cl Maracujasaft
3 cL Sekt
1 Orangenscheibe

Eiswürfel in Glas füllen, weitere Zutaten zugeben.

Aperitivo

Für 1 Glas

4 cl Aperol
2 cl Limettensaft
1 Limettenscheibe
1 cl Zuckersirup
3 cl Prosecco
Soda zum Auffüllen

Eiswürfel in ein Glas füllen, alle weiteren Zutaten zugeben, mit Soda auffüllen.

Zitronen-Kokos-Hühnersuppe

Für 6 Personen

1 Bund Suppengemüse
50 g frischer Ingwer
3 Knoblauchzehen
3 Stängel Zitronengras
1 EL Öl
2–3 TL Currypulver
1 kg Hühnchenbrust mit Haut
2 Lorbeerblätter
5 Pfefferkörner
Salz, etwas Honig
1 unbehandelte Zitrone
250 g Kokosmilch

Die Hälfte des Suppengemüses putzen und grob würfeln, restliches Gemüse ganz fein schneiden und zur Seite stellen. Ingwer und Knoblauch schälen, beides fein hacken. Zitronengras waschen, die Spitzen abschneiden und die Stängel in ganz feine Streifen schneiden. Öl in einem großen Topf erhitzen, Suppengemüse leicht anrösten, Knoblauch, Ingwer und Zitronengras und Curry zugeben und kurz mitdünsten. Hühnchenbrust, Lorbeer und Pfeffer zugeben, mit ca. 1 l Wasser (Hühnchenbrust muss bedeckt sein) auffüllen. Salz und etwas Honig zugeben. Langsam aufkochen lassen, dann auf kleine Flamme zurückschalten und das Hühnchen ca. 30 Min. gar ziehen lassen. Das Fleisch aus der Brühe nehmen und auskühlen lassen. Fleisch in mundgerechte Stücke schneiden. Brühe durch ein feines Sieb gießen und bei starker Hitze auf ca. 3/4 l einreduzieren lassen. Restliches Suppengemüse als Einlage in die Suppe geben, 10 Min. mitköcheln lassen. Zitronenschale von einer halben Zitrone ganz fein abreiben, zusammen mit der Kokosmilch in die Suppe geben. Hühnchenfleisch hinzugeben und erhitzen. Suppe nochmals abschmecken, mit Honig und evtl. Pfeffer würzen.

Harlekin *an*…

MDF-Platte ausgesägt

geschliffen

bemalt

poliert

...Vitello-Creme & Meeresbohnen-Salat

Rote-Bete-Terrine | Tomaten-Senf-Dip | Krabben-Tatar

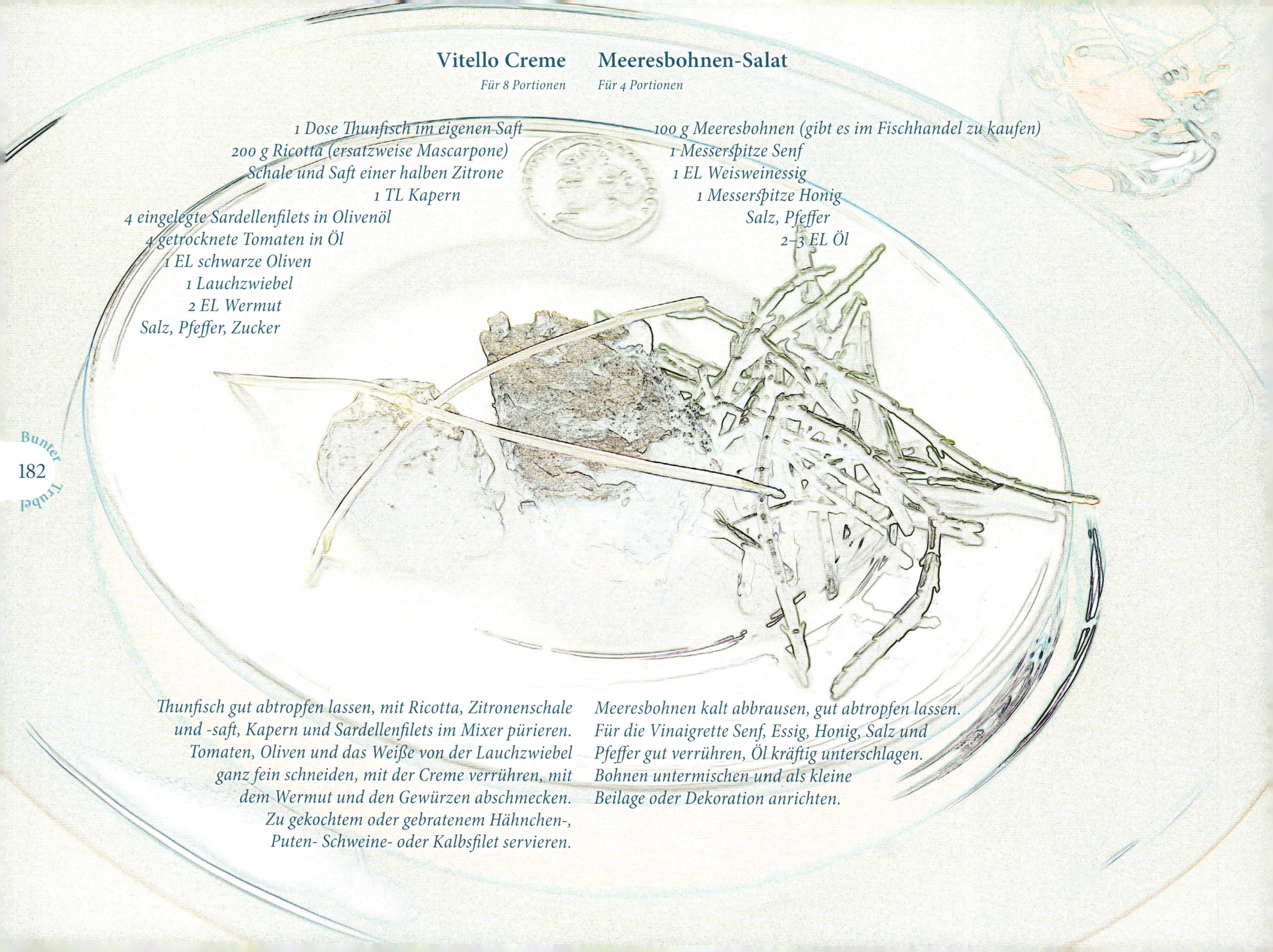

Vitello Creme

Für 8 Portionen

1 Dose Thunfisch im eigenen Saft
200 g Ricotta (ersatzweise Mascarpone)
Schale und Saft einer halben Zitrone
1 TL Kapern
4 eingelegte Sardellenfilets in Olivenöl
4 getrocknete Tomaten in Öl
1 EL schwarze Oliven
1 Lauchzwiebel
2 EL Wermut
Salz, Pfeffer, Zucker

Thunfisch gut abtropfen lassen, mit Ricotta, Zitronenschale und -saft, Kapern und Sardellenfilets im Mixer pürieren. Tomaten, Oliven und das Weiße von der Lauchzwiebel ganz fein schneiden, mit der Creme verrühren, mit dem Wermut und den Gewürzen abschmecken. Zu gekochtem oder gebratenem Hähnchen-, Puten- Schweine- oder Kalbsfilet servieren.

Meeresbohnen-Salat

Für 4 Portionen

100 g Meeresbohnen (gibt es im Fischhandel zu kaufen)
1 Messerspitze Senf
1 EL Weisweinessig
1 Messerspitze Honig
Salz, Pfeffer
2–3 EL Öl

Meeresbohnen kalt abbrausen, gut abtropfen lassen. Für die Vinaigrette Senf, Essig, Honig, Salz und Pfeffer gut verrühren, Öl kräftig unterschlagen. Bohnen untermischen und als kleine Beilage oder Dekoration anrichten.

Rote-Bete-Terrine

Für 6 Personen

250 g gekochte rote Bete aus dem Glas
1/4 l Rote-Bete-Saft
10 Blatt Gelatine
abgeriebene Schale einer halben unbehandelten Zitrone
Saft einer halben Zitrone
Salz, Pfeffer
Honig
200 g geschlagene Sahne

Die Rote Bete plus Saft pürieren und danach erwärmen. In dieser Masse die eingeweichte Gelatine auflösen und mit Zitronenschale und Saft, Salz, Pfeffer und Honig würzen. Die geschlagene Sahne unter die ausgekühlte Rote Bete heben. Masse in eine mit Frischhaltefolie ausgelegte Terrinenform füllen, 3–4 Stunden kalt stellen. Rote-Bete-Schaum aus der Form stürzen, in Scheiben schneiden und anrichten.

Tomaten - Senf - Dip

Für ca. 300 ml

100 g Doppelrahm-Frischkäse
2–3 El Tomatensenf
4 fein geschnittene getrocknete, in Öl eingelegte Tomaten
5 fein geschnittene Cocktailtomaten,
5 fein geschnittene schwarze Oliven
gehackte Basilikumblätter
1/2 TL Honig

Alle Zutaten verrühren, mit Kräckern oder in Pastetchen servieren

Krabbentatar

Für ca. 300 ml

200 g Nordseekrabben
oder
4 geräucherte Forellenfilets
1 Frühlingszwiebel
1/2 Salatgurke
1 Bund Schnittlauch
4 EL Doppelrahm-Frischkäse
2 EL Meerrettichcreme
1 EL Honigsenf
Salz, Pfeffer
50 g geschlagene Sahne
hart gekochte Wachteleier zum Garnieren

Die Forellenfilets in kleine Würfel schneiden. Die Frühlingszwiebeln putzen, das Weiße der Frühlingszwiebeln fein hacken und das Grün in feine Ringe schneiden. Die Gurke schälen, der Länge nach halbieren, von den Kernen befreien und in kleine Würfel schneiden. Den Schnittlauch in feine Ringe schneiden. Den Doppelrahm-Frischkäse mit der Meerrettichcreme verrühren und mit Salz und Pfeffer würzen. Dann Forellenwürfelchen, Frühlingszwiebel, Gurke sowie Schnittlauch beifügen und alles sorgfältig mischen. Die Sahne unter den Tatar ziehen und evtl. nachwürzen. Das Krabbentatar auf Toastecken, Blinis oder Pastetchen anrichten, mit Dillzweiglein, halbierten Wachteleiern (oder Kaviar) garnieren.

Draht
Papier
Gips
Farben
Blattgold
Lack

Mythos Masken

an…

Blutorangenmousse
Schneller Mandeltorte
Venezianischem
Schokokuchen

Blutorangenmousse

Für 4–6 Personen
½ l Blutorangensaft
1 Päckchen Vanillepuddingpulver
1–2 EL Rohrzucker
abgeriebene Schale einer unbehandelten Orange
200 ml Sahne

Aus Blutorangensaft (ersatzweise Orangen) und Vanillepuddingpulver nach Rezeptangabe auf der Packung mit Rohrzucker und Orangenschale eine Creme kochen. Creme kaltrühren. Sahne steifschlagen und vorsichtig unter die Orangencreme heben. Blutorangen schälen, von der weißen Haut befreien und in dünne Scheiben schneiden. Orangenscheiben dekorativ in Gläser setzen, Creme einfüllen und gut gekühlt servieren.

Schnelle Mandeltorte

200 g Butter
250 g Zucker
1 Päckchen Vanillezucker
6 Eier
100 g geschmolzene Zartbitter-Schokolade (70% Kakaoanteil)
6 EL Mandellikör oder Eierlikör
350 g Mehl
½ Päckchen Backpulver
200 g geriebene Mandeln

Butter, Zucker und Vanillezucker schaumig rühren, nach und nach die Eier, die Schokolade, den Likör, das Mehl, Backpulver und die geriebenen Mandeln unterrühren. Den Teig in eine gefettete Springform füllen. Bei 170 Grad ca. 50 Min. backen. Teig 20 Min. in der Form auskühlen lassen. Mit Vanille-, Minz- oder Walnusseis und pürierten Himbeeren servieren.

Venezianischer Schokokuchen

250 g Zartbitter-Schokolade (70% Kakaoanteil)
250 g Butter
250 g Butterkekse
2 Eier
4 EL Rohrzucker
150 g gehackte Walnüsse
4 EL Weinbrand
100 g getrocknete Mangos in feinen Streifen oder Cranberries
Kakaopulver

Schokolade und Butter in einer Schüssel im Wasserbad schmelzen, durchrühren und leicht abkühlen lassen. Die Kekse grob hacken. Eier und Zucker mit dem Handmixer zu einer dicken Masse aufschlagen. Schokobutter unterrühren, Kekse, Walnüsse, Weinbrand und Mangostreifen oder Cranberries unterheben. Eine Springform mit Frischhaltefolie auslegen und den Teig hineingeben und glattstreichen. Kuchen mit Folie abdecken, mindestens 4 Std. kalt stellen. Vor dem Servieren mit Kakaopulver bestreuen.

Bunter

Trubel

Wir bedanken uns für die gastfreundliche Aufnahme
bei Bärbel Kollenberg,
bei Ludger und Maria Hüging (http://www.lu-hueging.de),
bei Georg und Barbara Hillejan (http://www.hof-hillejan.de),
bei Willy und Gerrit Grijsen (http://www.rosenhaege.nl),
bei Rainer und Petra Dahlke (http://www.gaertnerei-dahlke.de),
bei Ruth Brüninghoff (http://www.brueninghoff.net)
für ihre unermüdliche Unterstützung
und bei der Kochgemeinschaft aus Kapitel 7

Danke an unsere Ehemänner
für ihre Hilfsbereitschaft und Geduld!